Curso

MAD360

*La diferencia entre aprobar
y sacar plaza*

Manual del Técnico/a en Cuidados Auxiliares de Enfermería

Si aún no dispones de tu **Curso MAD360**, te ofrecemos un acceso GRATIS de 30 días para que disfrutes de los siguientes recursos:

- Técnicas de Memoria 360.
- MADTEST: Test comentados siempre actualizados.
- Temario en formato digital.
- Vídeos.
- Esquemas.
- Pódcast.
- Comunicación clara.
- Planificación de estudio.
- Foro entre opositores.
- Recursos y novedades exclusivas.
- Consulta sobre la oposición y el proceso selectivo.
- Actualizaciones trimestrales del temario.

AF212163

Para acceder a esta prueba del Curso MAD360* será necesaria la compra de todos los libros para esta especialidad de la edición 2024.

Valida los códigos que encuentras en la última página de tus libros y disfruta de la experiencia MAD360. Y para adquirir tu Curso MAD360 pincha en la opción RENOVAR que encontrarás en tu panel.

Infórmate en: mad.es/registro-campus

NOTA IMPORTANTE:

* El acceso al CURSO MAD360 estará disponible desde junio de 2024 (algunos recursos podrían estar disponibles en fecha posterior). Tendrá una duración de 30 días RENOVABLES mediante pago, desde la validación de códigos.

MAD se reserva el derecho a ampliar dichas fechas.

Manual del Técnico/a en Cuidados Auxiliares de Enfermería

Junio, 2024

0364-03X-0-0-0624

Manual del Técnico/a en Cuidados Auxiliares de Enfermería

Test del Temario

Autores

JOSÉ MANUEL PÉREZ SANTANA
DIPLOMADO UNIVERSITARIO EN ENFERMERÍA

MAGDALENA CERVERA MELLADO
TÉCNICA SUPERIOR EN DIÉTETICA Y NUTRICIÓN
LICENCIADA EN PODOLOGÍA
POSTGRADO EN PREVENCIÓN SANITARIA

CARMEN ALCÓN ROMERO
GRADUADA EN PSICOLOGÍA
TÉCNICA EN CUIDADOS AUXILIARES DE ENFERMERÍA

M.ª JOSÉ GARCÍA BERMEJO
LICENCIADA EN BIOLOGÍA
TÉCNICA SUPERIOR EN LABORATORIO DE DIAGNÓSTICO CLÍNICO

DOMINGO GÓMEZ MARTÍNEZ
LICENCIADO EN DERECHO

M.ª DEL CARMEN SILVA GARCÍA
DIPLOMADA UNIVERSITARIA EN ENFERMERÍA

FRANCISCO JESÚS TORRES FONSECA
LICENCIADO EN DERECHO

JUAN MANUEL GIL RAMOS
LICENCIADO EN MEDICINA.
MASTER EN SALUD AMBIENTAL

© 7 Editores Recursos para la Cualificación Profesional y el Empleo, S.L. (7 Editores)
© Los autores
Tercera edición, junio 2024 (362 páginas)
Derechos de edición reservados a favor de 7 Editores
IMPRESO EN ESPAÑA
Diseño Portada: 7 Editores
Edita: 7 Editores
Avda. San Francisco Javier, 9 · Edificio Sevilla 2 · Planta 11 · Módulos 25-27 · 41018 Sevilla
Teléfono: 954 784 411 · WEB: www.mad.es · e-mail: administracion@7editores.com
ISBN: 978-84-142-8326-4
© "Editorial Mad" y "Eduforma" son nombres comerciales registrados de
7 Editores Recursos para la Cualificación Profesional y el Empleo, S.L.

Queda rigurosamente prohibida la reproducción total o parcial de esta obra por cualquier medio
o procedimiento sin la autorización por escrito del editor.

Índice

TEST
PARTE JURÍDICA

TEST N.º 1

**La Constitución Española de 1978. Estructura y principios generales.
Los derechos fundamentales en la Constitución.
La reforma de la Constitución**

1. ¿En qué se fundamenta la Constitución Española?

a) En un Estado social y democrático de Derecho.
b) En la indisoluble unidad de la Nación española.
c) En la independencia de los poderes del Estado.
d) En la organización territorial del Estado.

2. El Preámbulo de la Constitución:

a) Tiene en sí carácter de norma jurídica.
b) Es una declaración de intenciones, destinada a interpretar lo que se quiere alcanzar con el contenido normativo de la Constitución.
c) Se trata de un texto sin fuerza jurídica de obligar.
d) Las respuestas b) y c) son correctas.

3. ¿En qué parte de la Carta Magna se establece la exposición de motivos que impulsan la norma constitucional y los objetivos que con ella se pretenden alcanzar?

a) En el Título Preliminar.
b) En el Preámbulo.
c) En el Título I.
d) En el Título II.

4. La Constitución Española fue sancionada por:

a) El Rey.
b) El Presidente del Congreso.
c) Las Cortes Generales.
d) El Presidente del Gobierno.

5. ¿Cuál de los siguientes españoles de origen pueden ser privados de su nacionalidad?

a) Exclusivamente los miembros de grupos terroristas.
b) Los miembros de grupos terroristas y los que atenten contra el Rey u otro miembro de la Casa Real.
c) Los que atenten contra un miembro de la Familia Real o del Gobierno de la Nación.
d) Ningún español de origen podrá ser privado de su nacionalidad.

6. La forma política del Estado español es:

a) Democracia parlamentaria.
b) Gobierno parlamentario.
c) Monarquía parlamentaria.
d) República democrática.

7. El derecho a la propiedad en nuestra Constitución es un derecho:

a) Inherente a la condición humana.
b) Absoluto.
c) Está limitado por la función social de la misma.
d) Ninguna de las respuestas anteriores es correcta.

8. Dispone la Carta Magna que todos contribuirán al sostenimiento de los gastos públicos de acuerdo con su capacidad económica mediante un sistema tributario justo inspirado en los principios de:

a) Legalidad y equidad.
b) Igualdad y progresividad.
c) Publicidad y legalidad.
d) Eficacia y sostenibilidad.

9. La ponencia encargada de redactar el borrador de la Constitución se constituyó en el:

a) Senado.
b) Senado y Congreso de los Diputados.
c) Congreso de los Diputados.
d) Gobierno de la Nación.

10. Si un poder público, en su actuación, infringe lo dispuesto en el Preámbulo de la Constitución:

a) Incurre en nulidad.
b) Incurre en inconstitucionalidad.

c) No pasa nada salvo que, como consecuencia de esa actuación, se infrinja un artícu-lo de la propia Constitución.

d) Nada de lo anterior es cierto.

11. El principio en virtud del cual un Reglamento no puede contradecir una ley es el de:

a) Legalidad.

b) Jerarquía normativa.

c) Las respuestas a) y b) son correctas.

d) Seguridad jurídica.

12. Todos los españoles, respecto al castellano, tienen el:

a) Derecho-deber de conocerlo.

b) Derecho de usar y deber de conocerlo.

c) Derecho-deber de usarlo.

d) Nada de lo anterior.

13. El Título de la Constitución que trata de la reforma constitucional es el:

a) Primero.

b) Décimo.

c) Noveno.

d) Undécimo.

14. El Título de la misma que trata del Gobierno y la Administración es el:

a) Tercero.

b) Cuarto.

c) Quinto.

d) Sexto.

15. El pluralismo político, para nuestra Constitución, es un/una:

a) Principio General del ordenamiento político.

b) Valor superior del ordenamiento jurídico.

c) Principio rector de la política social y económica.

d) Derecho fundamental.

16. Un español de origen puede perder esta nacionalidad:

a) Por sanción administrativa.

b) Cuando libremente renuncie a la misma.

c) Por condena penal.

d) En ningún caso.

17. Constituye el fundamento del orden público y de la paz social, según la Constitución, el/la/los:

a) Derechos inviolables inherentes a la persona.
b) Estado social y democrático de Derecho.
c) Seguridad jurídica.
d) Justicia.

18. Las Comunidades Autónomas deben usar o instalar la bandera española:

a) En sus edificios.
b) En los actos oficiales.
c) Cuando lo solicite el Delegado del Gobierno de la Nación en las mismas.
d) Cuando lo estimen oportuno.

19. Deben tener una estructura interna y un funcionamiento democrático los/las:

a) Partidos Políticos.
b) Colegios Profesionales.
c) Organizaciones Profesionales.
d) Todos ellos.

20. La defensa de la integridad territorial de España se atribuye por la Constitución a/al/a las:

a) Fuerzas y Cuerpos de Seguridad.
b) Fuerzas Armadas.
c) Gobierno de la Nación.
d) Todas las anteriores.

En MADTEST tienes **95 preguntas más de este tema, comentadas y argumentadas,** y elaboradas por empleados de las Administraciones Públicas teniendo en cuenta los últimos exámenes oficiales. Logra tu plaza con MADTEST: Test de calidad.

¡Supera tus límites con MADTEST!

A continuación te presentamos algunos ejemplos de preguntas comentadas:

21. La Constitución Española reconoce y garantiza el derecho a la autonomía:

a) De las nacionalidades que la integran.
b) De las regiones que la integran.

c) De las Comunidades Autónomas que la integran.
d) De las nacionalidades y regiones que la integran.

Respuesta correcta: d) De las nacionalidades y regiones que la integran.

La fundamentación legal de esta pregunta la encontramos en el artículo 2 de la Constitución Española, antes expuesto.

22. Según la CE, la soberanía nacional:

a) Corresponde a las Cortes Generales, al estar compuestas por los representantes del pueblo.
b) Corresponde al Rey.
c) Reside en el pueblo español.
d) Corresponde al Gobierno de la Nación elegido directamente por el pueblo.

Respuesta correcta: c) Reside en el pueblo español.

La fundamentación legal de esta pregunta la encontramos en el artículo 1.2 de la Constitución Española, conforme al cual:
2. La soberanía nacional reside en el pueblo español, del que emanan los poderes del Estado.

23. Son el fundamento del orden político y de la paz social:

a) El libre desarrollo de la personalidad.
b) Los derechos inviolables que les son inherentes.
c) El respeto a la ley y a los derechos de los demás.
d) Todas las respuestas son correctas.

Respuesta correcta: d) Todas las respuestas son correctas.

La fundamentación legal de esta pregunta la encontramos en el artículo 10.1 de la Constitución Española, conforme al cual:
1. La dignidad de la persona, los derechos inviolables que le son inherentes, el libre desarrollo de la personalidad, el respeto a la ley y a los derechos de los demás son fundamento del orden político y de la paz social.

24. La capital del Estado en España es:

a) La propia de cada Comunidad Autónoma.
b) La villa de Madrid.
c) Aquella donde se establezca en cada momento el Gobierno de la Nación.
d) Aquella en la que resida generalmente el Rey.

Respuesta correcta: b) La villa de Madrid.

La fundamentación legislativa la encontramos en el artículo 5 de la Constitución, que establece: La capital del Estado es la villa de Madrid.

25. La forma política del Estado español es:

a) Unitaria y regionalizada.
b) Federal.
c) La Monarquía Parlamentaria.
d) La propia de un Estado Social y Democrático.

Respuesta correcta: c) La Monarquía Parlamentaria.

La fundamentación legal de esta pregunta la encontramos en el artículo 1, párrafo 3 de nuestra CE:

3. La forma política del Estado español es la Monarquía parlamentaria.

Solución al test n.º 1

1. b) En la indisoluble unidad de la Nación española.

2. d) Las respuestas b) y c) son correctas.

3. b) En el Preámbulo.

4. a) El Rey.

5. d) Ningún español de origen podrá ser privado de su nacionalidad.

6. c) Monarquía parlamentaria.

7. c) Está limitado por la función social de la misma.

8. b) Igualdad y progresividad.

9. c) Congreso de los Diputados.

10. c) No pasa nada, salvo que, como consecuencia de esa actuación, se infrinja un artículo de la propia Constitución.

11. c) Las respuestas a) y b) son correctas.

12. b) Derecho de usar y deber de conocerlo.

13. b) Décimo.

14. b) Cuarto.

15. b) Valor superior del ordenamiento jurídico.

16. b) Cuando libremente renuncie a la misma.

17. a) Derechos inviolables inherentes a la persona.

18. b) En los actos oficiales.

19. d) Todos ellos.

20. b) Fuerzas Armadas.

TEST N.º 2

Ley 14/1986, de 25 de abril, General de Sanidad

1. ¿De cuántos Títulos consta la Ley General de Sanidad?

a) De cuatro.
b) De cinco.
c) De seis.
d) De siete.

2. Las Áreas de Salud serán dirigidas por un órgano propio, donde deberán participar las Corporaciones Locales en ellas situadas, con una representación no inferior al:

a) 20 %.
b) 30 %.
c) 40 %.
d) 50 %.

3. Entre las características fundamentales del Sistema Nacional de Salud no se encuentra:

a) La extensión de sus servicios a toda la población.
b) La coordinación y, en su caso, la integración de todos los recursos sanitarios públicos en tres dispositivos únicos (estatal, autonómico y local).
c) La prestación de una atención integral de la salud procurando altos niveles de calidad debidamente evaluados y controlados.
d) Todas son correctas.

4. ¿En cuántos niveles organizativos se divide el sistema sanitario español?

a) En tres: central, autonómico y Áreas de salud.
b) En dos: central y autonómico.
c) En el central, del que derivan el autonómico y local.
d) Únicamente en el central.

5. La Ley General de Sanidad crea un órgano coordinador entre las Comunidades Autónomas y la Administración General del Estado ¿Cuál es?

a) El Instituto de Información Sanitaria.
b) El Consejo Interterritorial del Sistema Nacional de Salud.
c) El Ministro de Sanidad y Consumo.
d) Ninguna es correcta.

6. El Título II de la Ley General de Sanidad regula:

a) El Sistema Nacional de Salud.
b) La estructura del sistema sanitario público.
c) Las actividades sanitarias privadas.
d) Ninguna es correcta.

7. Forma parte del Consejo Interterritorial del Sistema Nacional de Salud, como órgano coordinador del Sistema Nacional de Salud:

a) El Ministro competente en materia de sanidad, que ostentará su Presidencia.
b) Los Consejeros competentes en materia de sanidad de las Comunidades Autónomas, de entre los que se elegirá al Presidente.
c) El Ministro de Sanidad y los Presidentes de las Comunidades Autónomas con competencia en materia de salud.
d) El presidente a propuesta del Ministro de Sanidad y Consumo y ratificado por el mismo Consejo.

8. Según la Ley General de Sanidad, la financiación de la asistencia sanitaria se realiza con cargo a:

a) Las cotizaciones procedentes de la Seguridad Social exclusivamente.
b) Los Presupuestos de las Comunidades Autónomas, en el ámbito de sus respectivas competencias, únicamente.
c) Las aportaciones de las Comunidades Autónomas y de las Corporaciones Locales, tasas por la prestación de determinados servicios, Tributos estatales cedidos, transferencias del Estado y cotizaciones sociales.
d) Los Presupuestos Generales del Estado, sin participación de la Seguridad Social, dado que ha desaparecido la obligación de financiarla con las cotizaciones procedentes de esta.

9. ¿A quién le corresponde delimitar y constituir las denominadas Áreas de Salud teniendo en cuenta a tal efecto los principios básicos que se establecen en la Ley General de Sanidad?

a) Al Ministerio de Sanidad.
b) A las Comunidades Autónomas.
c) A los Municipios y Provincias.
d) Al Consejo Interterritorial del Sistema Nacional de Salud.

10. Se exceptúan de la regla general prevista en la pregunta anterior:

a) Las Comunidades Autónomas de País Vasco y Cataluña.
b) Las Comunidades Autónomas de Murcia, Cantabria y las ciudades de Ceuta y Melilla.
c) Las Comunidades Autónomas de Cataluña y País Vasco y las ciudades de Ceuta y Melilla.
d) Las Comunidades Autónomas de Baleares y Canarias y las ciudades de Ceuta y Melilla.

11. ¿Cuántas Áreas de salud tendrá, como mínimo, cada provincia?

a) Una.
b) Dos.
c) Tres.
d) Cuatro.

12. ¿Cuál es el órgano de participación de las Áreas de Salud?

a) La Gerencia.
b) El Consejo de salud de Área.
c) El Consejo de dirección de Área.
d) El Comité de dirección.

13. Señala una de las funciones del Consejo de salud del área de salud:

a) Promover la participación comunitaria en el seno del área de salud.
b) Verificar la adecuación de las actuaciones en el área de salud a las normas y directrices de la política sanitaria y económica.
c) Conocer e informar el anteproyecto del Plan de Salud del área y de sus adaptaciones anuales.
d) Todas las respuestas son correctas.

14. ¿A quién corresponde en el Área de Salud formular las directrices en política de salud y controlar la gestión del Área, dentro de las normas y programas generales establecidos por la Administración autonómica?

a) A la Gerencia.
b) Al Consejo de salud de Área.
c) Al Consejo de dirección de Área.
d) Al Comité de dirección.

15. ¿Qué porcentaje de los miembros del Consejo de dirección del área de salud está formado por la representación de la Comunidad Autónoma?

a) El 60 %.
b) El 50 %.
c) El 40 %.
d) El 35 %.

16. ¿A quién le corresponde la aprobación de las prioridades específicas del Área de Salud?

a) Al Consejo de salud.
b) Al Comité de dirección.
c) A la Gerencia.
d) Al Consejo de dirección.

17. Señala la respuesta incorrecta respecto al Gerente del Área de Salud:

a) Es el órgano de gestión de la misma y podrá, previa convocatoria, asistir con voz, pero sin voto, a las reuniones del Consejo de dirección.
b) Presentará los anteproyectos del Plan de Salud y de sus adaptaciones anuales y el proyecto de memoria anual del Área de Salud.
c) Será el encargado de la ejecución de las directrices establecidas por el Consejo de dirección, de las propias del Plan de Salud del Área y de las normas correspondientes a la Administración autonómica y del Estado.
d) Será nombrado y cesado por el Consejo de dirección del Área.

18. Señala una de las funciones de los centros de salud:

a) Servir como centro de reunión entre la comunidad y los profesionales sanitarios.
b) Albergar la estructura física de consultas y servicios asistenciales personales correspondientes a la población en que se ubica.
c) Facilitar el trabajo en equipo de los profesionales sanitarios de la zona.
d) Todas las respuestas son correctas.

19. ¿Quién regulará la organización, funciones, asignación de medios personales y materiales de cada uno de los Servicios de Salud, en el marco de lo establecido en el Capítulo VI del Título III de la Ley 14/1986, de 25 de abril, General de Sanidad?

a) Cada Ayuntamiento, dentro de su ámbito de competencias.
b) Cada Diputación Provincial, dentro de su ámbito de competencias.
c) Cada Comunidad Autónoma, dentro de su ámbito de competencias.
d) El Gobierno, dentro de su ámbito de competencias.

20. Las Comunidades Autónomas delimitarán y constituirán en su territorio demarcaciones denominadas:

a) Distritos Sanitarios.
b) Zonas de Salud.
c) Áreas de Salud.
d) Zonas Básicas de Salud.

En MADTEST tienes **73 preguntas más de este tema, comentadas y argumentadas**, puedes realizar simulacros reales con control de tiempo y puntuación igual a la de tu examen. Realiza Simulacros reales con MADTEST.

¡Supera tus límites con MADTEST!

A continuación te presentamos algunos ejemplos de preguntas comentadas:

21. ¿En qué Título de la Ley General de Sanidad, se regula la estructura del sistema sanitario público?

a) En el Título I.
b) En el Título II.
c) En el Título III.
d) En el Título IV.

Respuesta correcta: c) En el Título III.

El Título III de la Ley General de Sanidad regula la estructura del Sistema Sanitario Público (artículos 44 a 87) y se compone de los siguientes Capítulos:
– Capítulo I. De la organización general del sistema sanitario.
– Capítulo II. De los servicios de salud de las Comunidades Autónomas.
– Capítulo III. De las Áreas de Salud.
– Capítulo IV. De la coordinación general sanitaria.
– Capítulo V. De la financiación.
– Capítulo VI. Del personal.

22. ¿Quién realiza las acciones de coordinación y cooperación de las Administraciones Públicas sanitarias?

a) El Consejo Interterritorial del Sistema Nacional de Salud.
b) La Alta Inspección.
c) Son correctas las respuestas a) y b).
d) Ninguna es correcta.

Respuesta correcta: c) Son correctas las respuestas a) y b).

El Capítulo X de la Ley 16/2003, de 28 de mayo, de cohesión y calidad del Sistema Nacional de Salud (artículos 69 a 75) define el Consejo Interterritorial del Sistema Nacional de Salud como el órgano permanente de coordinación, cooperación, comunicación e información de los servicios de salud entre ellos y con la Administración del Estado, que tiene como finalidad promover la cohesión del Sistema Nacional de Salud a través de la garantía efectiva y equitativa de los derechos de los ciudadanos en todo el territorio del Estado.

23. El Plan Integrado de Salud:

a) Es el documento que recoge las necesidades financieras del Sistema Nacional de salud.
b) Es aprobado por el Consejo Interterritorial del Sistema Nacional de Salud.
c) Tendrá una vigencia de un año.
d) Recoge en un documento único los Planes estatales, los de las Comunidades Autónomas y los conjuntos.

Respuesta correcta: d) Recoge en un documento único los Planes estatales, los de las Comunidades Autónomas y los conjuntos.

A tenor del art. 74.1 LGS, el Plan integrado de salud deberá tener en cuenta los criterios de coordinación general sanitaria elaborados por el Gobierno (es decir, los criterios mínimos básicos y comunes para evaluar las necesidades de personal, centros o servicios sanitarios, así como, para evaluar la eficacia y el rendimiento de los programas, centros o servicios sanitarios; los objetivos mínimos comunes en materia de prevención, protección, y asistencia sanitaria; el marco de actuaciones y prioridades para alcanzar un sistema sanitario coherente y armónico) y recogerá en un documento único los Planes estatales, los Planes de las Comunidades Autónomas y los Planes conjuntos. Asimismo relacionará las asignaciones a realizar por las diferentes Administraciones Públicas y las fuentes de su financiación.

24. ¿Cuál es el órgano de dirección de las Áreas de Salud?

a) La Gerencia.
b) El Consejo de salud de Área.
c) El Consejo de dirección de Área.
d) El Comité de dirección.

Respuesta correcta: c) El Consejo de dirección de Área.

El artículo 57 de la Ley General de Sanidad dispone que las Áreas de Salud contarán, como mínimo, con los siguientes órganos:
1.º De participación: El Consejo de Salud de Área.
2.º De dirección: El Consejo de Dirección de Área.
3.º De Gestión: El Gerente de Área.

25. Como regla general, el Área de Salud extenderá su acción a una población no inferior a:

a) 20.000 habitantes ni superior a 25.000.
b) 50.000 habitantes ni superior a 150.000.
c) 100.000 habitantes ni superior a 200.000.
d) 200.000 habitantes ni superior a 250.000.

Respuesta correcta: d) 200.000 habitantes ni superior a 250.000.

Según el artículo 56.5 de la Ley 14/1986, de 25 de abril, General de Sanidad, que expone que:

"5. Como regla general, y sin perjuicio de las excepciones a que hubiera lugar, atendidos los factores expresados en el apartado anterior, el Área de Salud extenderá su acción a una población no inferior a 200.000 habitantes ni superior a 250.000. Se exceptúan de la regla anterior las Comunidades Autónomas de Baleares y Canarias y las ciudades de Ceuta y Melilla, que podrán acomodarse a sus específicas peculiaridades. En todo caso, cada provincia tendrá, como mínimo, un Área."

Solución al test n.º 2

1. d) De siete.

2. c) 40 %.

3. b) La coordinación y, en su caso, la integración de todos los recursos sanitarios públicos en tres dispositivos únicos (estatal, autonómico y local).

4. a) En tres: central, autonómico y áreas de salud.

5. b) El Consejo Interterritorial del Sistema Nacional de Salud.

6. d) Ninguna es correcta.

7. a) El Ministro competente en materia de sanidad, que ostentará su Presidencia.

8. c) Las aportaciones de las Comunidades Autónomas y de las Corporaciones Locales, tasas por la prestación de determinados servicios, Tributos estatales cedidos, transferencias del Estado y cotizaciones sociales.

9. b) A las Comunidades Autónomas.

10. d) Las Comunidades Autónomas de Baleares y Canarias y las ciudades de Ceuta y Melilla.

11. a) Una.

12. b) El Consejo de salud de Área.

13. d) Todas las respuestas son correctas.

14. c) Al Consejo de dirección de Área.

15. a) El 60 %.

16. d) Al Consejo de dirección.

17. d) Será nombrado y cesado por el Consejo de dirección del Área.

18. d) Todas las respuestas son correctas.

19. c) Cada Comunidad Autónoma, dentro de su ámbito de competencias.

20. c) Áreas de Salud.

TEST N.º 3

Estatuto Marco del Personal Estatutario de los Servicios de Salud

1. Según establece el art. 8 de la Ley 55/2003, de 16 de diciembre, del Estatuto Marco de los Servicios de Salud, es personal estatutario fijo:

a) El que, una vez superado el correspondiente proceso selectivo, obtiene un nombramiento para el desempeño, con carácter permanente, de las funciones que de tal nombramiento se deriven.

b) Todo el personal al servicio de los Servicios de Salud.

c) El personal que realice una prestación de servicios determinados de naturaleza temporal, coyuntural o extraordinaria.

d) El personal en posesión de un contrato laboral indefinido.

2. Quienes no acrediten, una vez superado el proceso selectivo, que reúnen los requisitos y condiciones exigidos en la convocatoria:

a) No podrán ser nombrados hasta que subsanen el defecto.

b) No podrán ser nombrados, y quedarán sin efecto sus actuaciones.

c) Podrán ser nombrados de forma condicional.

d) Una vez superado el proceso selectivo se entiende que reúne los requisitos exigidos, salvo prueba en contrario.

3. El personal estatutario de los servicios de salud tiene el deber de:

a) Participar en la elaboración de los convenios colectivos.

b) Realizar sus funciones fuera del horario y jornada habitual.

c) Realizar actividades sindicales.

d) Respetar la Constitución, el Estatuto de Autonomía correspondiente y el resto del ordenamiento jurídico.

4. Según el Estatuto Marco, siempre que la duración de la jornada exceda de seis horas continuadas, deberá establecerse un periodo de descanso durante la misma de al menos:

a) 10 minutos.

b) 15 minutos.

c) 20 minutos.
d) 30 minutos.

5. El funcionario sancionado con la separación del servicio no podrá concurrir a las pruebas de selección para la obtención de la condición de personal estatutario fijo, ni prestar servicios como personal estatutario temporal, durante:

a) Los 6 años siguientes.
b) Los 5 años siguientes.
c) Los 10 años siguientes.
d) La separación del servicio es definitiva.

6. La especial dificultad técnica, dedicación, responsabilidad, incompatibilidad, peligrosidad o penosidad de algunos puestos de trabajo del Personal Estatutario, se retribuye a través del:

a) Complemento de destino.
b) Complemento de atención continuada.
c) Complemento específico.
d) Complemento de productividad.

7. Según el art. 72.2 del Estatuto Marco, tendrá la consideración de falta muy grave:

a) Intervenir en un procedimiento administrativo cuando se dé alguna de las causas de abstención legalmente señaladas.
b) Toda actuación que suponga discriminación por razones ideológicas, morales, políticas, sindicales, de raza, lengua, género, religión o circunstancias económicas, personales o sociales, tanto del personal como de los usuarios.
c) El incumplimiento injustificado de la jornada de trabajo que acumulado suponga más de 20 horas al mes.
d) La incorrección con los superiores, compañeros, subordinados o usuarios.

8. Para poder obtener la excedencia voluntaria por interés particular es necesario haber prestado servicios efectivos en cualquiera de las Administraciones Públicas durante:

a) Los cinco años inmediatamente anteriores.
b) Los cuatro años inmediatamente anteriores.
c) El año inmediatamente anterior.
d) No se exige periodo mínimo de prestación efectiva de servicios.

9. En el régimen disciplinario del Estatuto Marco se reconoce a los interesados el derecho a:

a) Proponer el nombramiento del instructor.
b) Solicitar la excedencia voluntaria durante la tramitación del expediente.
c) Formular Pliegos de cargos.
d) Formular alegaciones en cualquier fase del procedimiento.

10. Las Comunidades Autónomas, en el ámbito de sus competencias, determinarán la limitación máxima de la jornada a tiempo parcial respecto a la jornada completa, con el límite máximo del:

a) Setenta y cinco por ciento de la jornada ordinaria, en cómputo anual.
b) Veinticinco por ciento de la jornada ordinaria, en cómputo anual.
c) Sesenta por ciento de la jornada ordinaria, en cómputo anual.
d) Cincuenta por ciento de la jornada ordinaria, en cómputo anual.

11. El Estatuto Marco del personal estatutario considera a este personal como titular de una relación:

a) Funcionarial común.
b) Laboral común.
c) Estatutaria de la Seguridad Social.
d) Funcionarial especial.

12. Cuando de un procedimiento de movilidad se derive cambio del servicio de salud de destino, el Estatuto Marco establece un plazo posesorio de:

a) Un mes.
b) Treinta días.
c) Quince días.
d) Diez días.

13. Según el Estatuto Marco del personal estatutario, la situación de excedencia voluntaria por interés particular obliga a un periodo mínimo de permanencia en ella de:

a) Un año.
b) Dos años.
c) Doce meses.
d) No establece periodo mínimo.

14. De acuerdo con el régimen disciplinario del personal estatutario, se considera muy grave:

a) El abandono del servicio.
b) El abuso de autoridad en el ejercicio de sus funciones.
c) Falta de obediencia debida a los superiores.
d) La incorrección con los superiores, compañeros, subordinados o usuarios.

15. Conforme a lo dispuesto en el artículo 2.2 de la Ley 55/2003, de 16 de diciembre, del Estatuto Marco del personal estatutario de los servicios de salud, en lo no previsto en la misma serán aplicables al personal estatutario:

a) Las disposiciones y principios generales sobre función pública de la Administración correspondiente.
b) Las disposiciones de derecho laboral, dictadas al amparo del artículo 149.1.7º de la Constitución.
c) Las disposiciones sobre función pública de la Administración del Estado, en todo caso, conforme a lo dispuesto en el artículo 149.3 de la Constitución.
d) El convenio colectivo del personal laboral al servicio de la Administración correspondiente.

16. El incumplimiento del plazo máximo de permanencia dará lugar a una compensación económica para el personal estatutario temporal afectado, que será equivalente a:

a) Veinte días de sus retribuciones fijas por año de servicio.
b) Veinte días de su sueldo, más trienios y complemento de destino por año de servicio.
c) Veinte días de todas sus retribuciones por año de servicio.
d) Veinte días de su sueldo por año de servicio.

17. No es un principio básico de la provisión de plazas del personal estatutario:

a) Igualdad, mérito, capacidad y publicidad en la selección, promoción y movilidad del personal de los servicios de salud.
b) Movilidad del personal en el conjunto de las Administraciones Públicas.
c) Coordinación, cooperación y mutua información entre las Administraciones sanitarias públicas.
d) Integración en el régimen organizativo y funcional del servicio de salud y de sus instituciones y centros.

18. El período de prueba del personal estatutario temporal, en el caso de que tuvieran formación universitaria, no podrá ser superior, en tiempo de trabajo efectivo, a:

a) Tres meses.
b) Dos meses.
c) Cuatro meses.
d) Un mes.

19. ¿Cuándo podrá ser cubierta una plaza en comisión de servicios?

a) Por necesidades del servicio en cualquier momento.
b) Cuando se encuentre vacante o temporalmente desatendida.
c) Por necesidades del servicio y cuando se encuentre vacante o temporalmente des-atendida.
d) Cuando la solicita un interesado y exista vacante.

20. El personal estatutario que acceda a plaza de formación sanitaria especializada mediante residencia, será declarado en situación de:

a) Servicios especiales.
b) Servicios bajo otro régimen jurídico.
c) Excedencia voluntaria.
d) Excedencia por servicios en el sector público.

En MADTEST tienes **74 preguntas más de este tema, comentadas y argumentadas**, y puedes configurar tus propios test según tus necesidades y preferencias. Personaliza tu preparación con MADTEST.

¡Supera tus límites con MADTEST!

A continuación te presentamos algunos ejemplos de preguntas comentadas:

21. En el supuesto de existencia de plaza vacante, son estatutarios interinos los que, por razones expresamente justificadas de necesidad y urgencia, son nombrados como tales con carácter temporal para el desempeño de funciones propias de estatutarios, cuando no sea posible su cobertura por personal estatutario fijo, durante un plazo máximo de:

a) Dos años.
b) Tres años.
c) Cuatros años.
d) Seis años.

Respuesta correcta: b) Tres años.

Según el artículo 9.1 del Estatuto Marco (en redacción dada por el por el art. único.1 del Real Decreto-ley 12/2022, de 5 de julio de 2022), los nombramientos de personal estatutario temporal serán de interinidad, siendo estatutarios interinos los que, por razones expresamente justificadas de necesidad y urgencia, son nombrados como tales con carácter temporal para el desempeño de funciones propias de estatutarios en los siguientes supuestos y condiciones:

a) Existencia de plaza vacante, cuando no sea posible su cobertura por personal estatutario fijo, durante un plazo máximo de tres años, en los términos previstos en el apartado 2 de este artículo.

b) Ejecución de programas de carácter temporal, que deberán especificar sus fechas de inicio y finalización y no podrán tener una duración superior a tres años. Los programas objeto de nombramiento no pueden ser de una naturaleza tal que suponga la ejecución de tareas o la cobertura de necesidades permanentes, habituales de duración indefinida de la actividad propia de los servicios de salud.

c) Exceso o acumulación de tareas, detallándose las mismas, concretando la fecha del inicio y fin del nombramiento, por un plazo máximo de nueve meses, dentro de un período de dieciocho meses.

22. Es una retribución básica del personal estatutario:

a) El complemento de destino.
b) El complemento de carrera.
c) Las pagas extraordinarias.
d) El complemento de productividad.

Respuesta correcta: c) Las pagas extraordinarias.

El artículo 42.1 del Estatuto Marco dispone que, las retribuciones básicas son:
a) El sueldo asignado a cada categoría en función del título exigido para su desempeño conforme a lo previsto en los artículos 6.2 y 7.2 de esta ley.
b) Los trienios, que consisten en una cantidad determinada para cada categoría en función de lo previsto en el párrafo anterior, por cada tres años de servicios.
La cuantía de cada trienio será la establecida para la categoría a la que pertenezca el interesado el día en que se perfeccionó.
c) Las pagas extraordinarias serán dos al año y se devengarán preferentemente en los meses de junio y diciembre. El importe de cada una de ellas será, como mínimo, de una mensualidad del sueldo y trienios, al que se añadirá la catorceava parte del importe anual del complemento de destino.
A este respecto, es importante tener en cuenta que, el Estatuto Básico del Empleado Público (EBEP) no incluye las pagas extraordinarias dentro de las retribuciones básicas, puesto que las pagas extraordinarias retribuyen tanto retribuciones básicas como retribuciones complementarias.

23. El objetivo de constituir un ámbito de diálogo e información de carácter laboral, así como de promover el desarrollo armónico de los recursos humanos del Sistema Nacional de Salud, se articula a través de:

a) El Consejo Interterritorial del Sistema Nacional de Salud.
b) La Comisión de Recursos Humanos del Sistema Nacional de Salud.

c) La Consejería de Salud de la correspondiente Comunidad Autónoma.
d) El Foro Marco para el Diálogo Social.

Respuesta correcta: d) El Foro Marco para el Diálogo Social.

El artículo 11.1 del Estatuto Marco señala que, el Foro Marco para el Diálogo Social tiene como objetivo constituir el ámbito de diálogo e información de carácter laboral, así como promover el desarrollo armónico de los recursos humanos del Sistema Nacional de Salud.

24. Señala la respuesta correcta sobre la adquisición de la condición de personal estatutario fijo:

a) La falta de incorporación al servicio, institución o centro dentro del plazo, cuando sea imputable al interesado y no obedezca a causas justificadas, producirá el decaimiento de su derecho a obtener la condición de personal estatutario fijo como consecuencia de ese concreto proceso selectivo.
b) La falta de incorporación al servicio, institución o centro dentro del plazo, cuando sea imputable al interesado aun obedeciendo a causas justificadas, producirá el decaimiento de su derecho a obtener la condición de personal estatutario fijo como consecuencia de ese concreto proceso selectivo.
c) La falta de incorporación al servicio, institución o centro dentro del plazo, cuando sea imputable al interesado y no obedezca a causas justificadas, no producirá el decaimiento de su derecho a obtener la condición de personal estatutario fijo como consecuencia de ese concreto proceso selectivo.
d) La falta de incorporación al servicio, institución o centro dentro del plazo, cuando sea imputable al interesado y no obedezca a causas justificadas, producirá la suspensión de su derecho durante el plazo establecido reglamentariamente para obtener la condición de personal estatutario fijo como consecuencia de ese concreto proceso selectivo.

Respuesta correcta: a) La falta de incorporación al servicio, institución o centro dentro del plazo, cuando sea imputable al interesado y no obedezca a causas justificadas, producirá el decaimiento de su derecho a obtener la condición de personal estatutario fijo como consecuencia de ese concreto proceso selectivo.

El apartado 3 del artículo 20 de la Ley 55/2003, de 16 de diciembre establece que "la falta de incorporación al servicio, institución o centro dentro del plazo, cuando sea imputable al interesado y no obedezca a causas justificadas, producirá el decaimiento de su derecho a obtener la condición de personal estatutario fijo como consecuencia de ese concreto proceso selectivo".

25. Los contenidos y pruebas de los procedimientos de selección, ¿deben incluir la acreditación del conocimiento de la lengua oficial de la respectiva comunidad autónoma?

a) No, la inclusión es potestativa.
b) Sí, en la forma que establezcan las normas autonómicas de aplicación.

c) No, en ningún caso.

d) Sí, previa autorización de los órganos centrales.

Respuesta correcta: b) Sí, en la forma que establezcan las normas autonómicas de aplicación.

La acreditación del conocimiento de la lengua oficial de la respectiva comunidad autónoma es un requisito importante para el desempeño de funciones en el ámbito sanitario. Sin embargo, la forma y los detalles de cómo se evalúa este conocimiento pueden variar según las normas específicas de cada comunidad autónoma.

Solución al test n.º 3

1. a) El que, una vez superado el correspondiente proceso selectivo, obtiene un nombramiento para el desempeño, con carácter permanente, de las funciones que de tal nombramiento se deriven.

2. b) No podrán ser nombrados, y quedarán sin efecto sus actuaciones.

3. d) Respetar la Constitución, el Estatuto de Autonomía correspondiente y el resto del ordenamiento jurídico.

4. b) 15 minutos.

5. a) Los 6 años siguientes.

6. c) Complemento específico.

7. b) Toda actuación que suponga discriminación por razones ideológicas, morales, políticas, sindicales, de raza, lengua, género, religión o circunstancias económicas, personales o sociales, tanto del personal como de los usuarios.

8. a) Los cinco años inmediatamente anteriores.

9. d) Formular alegaciones en cualquier fase del procedimiento.

10. a) Setenta y cinco por ciento de la jornada ordinaria, en cómputo anual.

11. d) Funcionarial especial.

12. a) Un mes.

13. b) Dos años.

14. a) El abandono del servicio.

15. a) Las disposiciones y principios generales sobre función pública de la Administración correspondiente.

16. a) Veinte días de sus retribuciones fijas por año de servicio.

17. b) Movilidad del personal en el conjunto de las Administraciones Públicas.

18. a) Tres meses.

19. c) Por necesidades del servicio y cuando se encuentre vacante o temporalmente desatendida.

20. a) Servicios especiales.

TEST N.º 4

Ley 31/1995, de 8 de noviembre, de Prevención de Riesgos Laborales

1. ¿Qué se entiende por "riesgo laboral"?

a) La posibilidad de que un trabajador sufra un determinado daño derivado del trabajo.
b) La posibilidad de que un trabajador sufra una enfermedad en el trabajo.
c) La posibilidad de que un trabajador sufra acoso.
d) El riesgo que supone el ir a trabajar.

2. ¿Quién debe garantizar a los trabajadores la vigilancia periódica de su estado de salud en función de los riesgos inherentes al trabajo?

a) La Inspección de Trabajo.
b) El propio trabajador.
c) El empresario.
d) Las secciones sindicales.

3. Quedan bajo el ámbito de la Ley de Prevención de Riesgos Laborales:

a) La totalidad de las relaciones laborales reguladas en el Estatuto de los Trabajadores.
b) La totalidad de las relaciones laborales establecidas en el ámbito de las funciones públicas de policía y seguridad.
c) Las relaciones laborales de carácter especial del servicio del hogar familiar.
d) La totalidad de las relaciones laborales establecidas en los servicios operativos de protección civil y peritaje forense.

4. Entre los principios de la acción preventiva recogidos por el artículo 15 de la Ley de Prevención de Riesgos Laborales, no figura:

a) Evitar los riesgos.
b) Evaluar los riesgos que se puedan evitar.
c) Tener en cuenta la evolución de la técnica.
d) Dar las debidas instrucciones a los trabajadores.

5. En las empresas de hasta 30 trabajadores, el Delegado de Prevención será:

a) El propio empresario.
b) El trabajador más antiguo.
c) El trabajador de mayor cualificación.
d) El delegado de personal.

6. Según la Ley de Prevención de Riesgos Laborales, se constituirá un Comité de Seguridad y Salud en todas las empresas o centros de trabajo que cuenten con:

a) 30 o más trabajadores.
b) 50 o más trabajadores.
c) 75 o más trabajadores.
d) 100 o más trabajadores.

7. El órgano paritario y colegiado de participación destinado a la consulta regular y periódica de las actuaciones de la empresa en materia de prevención de riesgos, es:

a) El Comité de Empresa.
b) El Consejo de Vigilancia de la Prevención.
c) La Comisión de Evaluación de Riesgos Laborales.
d) El Comité de Seguridad y Salud.

8. ¿Cuándo se deben utilizar los equipos de protección individual?

a) Siempre.
b) Cuando los riesgos no hayan sido evaluados.
c) Cuando los riesgos no se puedan evitar o no puedan limitarse.
d) Cuando el trabajador lo estime oportuno.

9. Cuando los trabajadores estén expuestos a un riesgo grave e inminente con ocasión de su trabajo, y el empresario no adopte o no permita la adopción de las medidas necesarias para garantizar la seguridad y la salud de los trabajadores, la Ley 31/1995, de 8 de noviembre, de Prevención de Riesgos Laborales prevé:

a) Los trabajadores afectados podrán paralizar la actividad.
b) El órgano de representación del personal instará formalmente al empresario a la adopción de las medidas necesarias.
c) Los Delegados de Prevención lo comunicarán a la autoridad laboral, que adoptará las medidas necesarias.
d) El órgano de representación de personal podrá acordar la paralización de la actividad.

10. Según establece el art. 4 de la Ley 31/1995, de 8 de noviembre, de Prevención de Riesgos Laborales, se define como daños derivados del trabajo:

a) La posibilidad de que un trabajador sufra un determinado daño derivado del trabajo.
b) El que resulte probable racionalmente que se materialice en un futuro inmediato y pueda suponer un daño grave para la salud de los trabajadores.
c) Las enfermedades, patologías o lesiones sufridas con motivo u ocasión del trabajo.
d) Cualquier máquina, aparato, instrumento o instalación utilizada en el trabajo.

11. ¿Debe el trabajador prestar su consentimiento para que le realicen vigilancia de la salud?

a) No.
b) Sí.
c) Depende del número de trabajadores de la empresa.
d) Esta prestación es solo para personal fijo en la empresa.

12. El art. 21 de la LPRL establece los requisitos y el procedimiento para que los representantes legales de los trabajadores acuerden la paralización de la actividad de los trabajadores que están o puedan estar expuestos a un riesgo grave e inminente si el empresario no adopta las medidas necesarias para garantizar la seguridad y salud de los trabajadores. La medida será adoptada por:

a) Acuerdo por mayoría absoluta de sus miembros. Tal acuerdo será comunicado de inmediato a la empresa y a la autoridad laboral, la cual, en el plazo de 48 horas, anulará o ratificará la paralización acordada.
b) Acuerdo por mayoría de 2/3 de sus miembros. Tal acuerdo será comunicado de inmediato a la empresa y a la autoridad laboral, la cual, en el plazo de 24 horas, anulará o ratificará la paralización acordada.
c) Acuerdo por mayoría de sus miembros. Tal acuerdo será comunicado de inmediato a la empresa y a la autoridad laboral, la cual, en el plazo de 48 horas, anulará o ratificará la paralización acordada.
d) Acuerdo por mayoría de sus miembros. Tal acuerdo será comunicado de inmediato a la empresa y a la autoridad laboral, la cual, en el plazo de 24 horas, anulará o ratificará la paralización acordada.

13. Señala la afirmación incorrecta en relación con el art. 35 de la LPRL:

a) Los Delegados de Prevención son los representantes de los trabajadores con funciones específicas en materia de prevención de riesgos en el trabajo.
b) Los Delegados de Prevención serán designados por y entre los representantes del personal.
c) En una empresa de dos mil quinientos trabajadores existirán 6 Delegados de Prevención.
d) En las empresas de treinta y un trabajadores el Delegado de Prevención será el Delegado de Personal.

14. Los instrumentos esenciales para la gestión y aplicación del Plan de Prevención de Riesgos Laborales son:

a) La evaluación de riesgos y la planificación de la actividad preventiva.
b) La evaluación inicial de riesgos y la formación.
c) La planificación y la gestión de la actividad preventiva.
d) La identificación y la evaluación de los riesgos.

15. El posible cambio de puesto de trabajo con riesgo para una trabajadora embarazada:

a) Deberá realizarse en caso de imposibilidad de adaptación del propio puesto.
b) Se hará previo informe en tal sentido del Servicio de Prevención.
c) Se determinará por el empresario, y dará información a los representantes de los trabajadores.
d) Se extenderá al período de lactancia.

16. La regulación de los requisitos mínimos que deben reunir las condiciones de trabajo para la protección de la seguridad y la salud de los trabajadores, corresponde a:

a) Las Cortes Generales.
b) El Gobierno de la nación, previa consulta a las organizaciones sindicales y empresariales más representativas.
c) El Consejo de Gobierno de cada Comunidad Autónoma; por delegación del Consejo de Ministros.
d) Los Convenios Colectivos.

17. La Comisión Nacional de Seguridad y Salud en el Trabajo, está compuesta por:

a) Representantes de las organizaciones sindicales y empresariales.
b) Un representante de cada una de las Comunidades Autónomas y representantes de las organizaciones sindicales y empresariales.
c) Representantes de la Administración y representantes de las organizaciones sindicales y empresariales.
d) Un representante de cada una de las Comunidades Autónomas y por igual número de miembros de la Administración General del Estado y, paritariamente con todos los anteriores, por representantes de las organizaciones empresariales y sindicales más representativas.

18. La función de vigilancia y control de la normativa sobre prevención de riesgos laborales corresponde:

a) A la Dirección General de Personal y Desarrollo Profesional.
b) A la Delegación Provincial de Trabajo.
c) A la Inspección de Trabajo y Seguridad Social.
d) Al Servicio de Medicina Preventiva.

19. El empresario deberá constituir un servicio de prevención propio siempre que se trate de empresas que cuenten con:

a) Más de 500 trabajadores.
b) Menos de 250 trabajadores.
c) Más de 250 trabajadores.
d) Más de 250 y menos de 500 trabajadores.

20. Según el art. 32 de la LPRL, en relación con las mutuas de accidente de trabajo y enfermedades profesionales, es cierto que:

a) En ningún caso podrán desarrollar para empresas las funciones correspondientes a los servicios de prevención.
b) Podrán desarrollar, para las empresas a ellas asociadas, las funciones correspondientes a los servicios de prevención, sin ningún tipo de restricción.
c) Podrán desarrollar, para las empresas a ellas asociadas, las funciones correspondientes a los servicios de prevención, siempre que hayan sido objeto de acreditación por la Administración Laboral y previa aprobación de la Administración Sanitaria en cuanto a los aspectos de carácter sanitario.
d) Podrán desarrollar, libremente, las funciones correspondientes a los servicios de prevención de las empresas que así se los soliciten.

En MADTEST tienes **70 preguntas más de este tema, comentadas y argumentadas**, y puedes repasar las preguntas falladas y no contestadas para un aprendizaje efectivo. Toma el control de tu estudio con MADTEST.

¡Supera tus límites con MADTEST!

A continuación te presentamos algunos ejemplos de preguntas comentadas:

21. Los representantes de los trabajadores con competencia en materia de prevención de riesgos laborales es/son:

a) Los miembros de la Junta de personal, Junta Facultativa y Junta de Enfermería.
b) Los técnicos de prevención de riesgos laborales.
c) El Servicio de Medicina Preventiva.
d) Los delegados de prevención.

Respuesta correcta: d) Los delegados de prevención.

Según el art. 35.1 de la Ley 31/1995, los Delegados de Prevención son los representantes de los trabajadores con funciones específicas en materia de prevención de riesgos en el trabajo.

22. Indica cuál es la definición de prevención:

a) La probabilidad racional de que un riesgo se materialice de forma inminente.

b) El estudio de los procesos potencialmente peligrosos para el trabajo.

c) Conjunto de actividades o medidas adoptadas o previstas en todas las fases de actividad de la empresa con el fin de evitar o disminuir los riesgos derivados del trabajo.

d) Posibilidad de que un trabajador sufra un determinado daño derivado del trabajo.

Respuesta correcta: c) Conjunto de actividades o medidas adoptadas o previstas en todas las fases de actividad de la empresa con el fin de evitar o disminuir los riesgos derivados del trabajo.

El artículo 4, punto 1º, define así Prevención: el conjunto de actividades o medidas adoptadas o previstas en todas las fases de actividad de la empresa con el fin de evitar o disminuir los riesgos derivados del trabajo.

23. Entre las obligaciones de los trabajadores recogidas por la Ley de Prevención de Riesgos Laborales, no figura:

a) Informar directamente al empresario de cualquier situación que entrañe riesgo para la seguridad o salud de los trabajadores.

b) Contribuir al cumplimiento de las obligaciones establecidas por la autoridad competente con el fin de proteger la seguridad y la salud de los trabajadores en el trabajo.

c) Cooperar con el empresario para que este pueda garantizar unas condiciones de trabajo que sean seguras y no entrañen riesgos para la seguridad y la salud de los trabajadores.

d) Utilizar correctamente los medios y equipos de protección facilitados por el empresario, de acuerdo con las instrucciones recibidas de este.

Respuesta correcta: a) Informar directamente al empresario de cualquier situación que entrañe riesgo para la seguridad o salud de los trabajadores.

Según el artículo 29.2 de la Ley 31/1995, los trabajadores, con arreglo a su formación y siguiendo las instrucciones del empresario, deberán en particular:

1. Usar adecuadamente, de acuerdo con su naturaleza y los riesgos previsibles, las máquinas, aparatos, herramientas, sustancias peligrosas, equipos de transporte y, en general, cualesquiera otros medios con los que desarrollen su actividad.

2. Utilizar correctamente los medios y equipos de protección facilitados por el empresario, de acuerdo con las instrucciones recibidas de este.

3. No poner fuera de funcionamiento y utilizar correctamente los dispositivos de seguridad existentes o que se instalen en los medios relacionados con su actividad o en los lugares de trabajo en los que ésta tenga lugar.

4. Informar de inmediato a su superior jerárquico directo, y a los trabajadores designados para realizar actividades de protección y de prevención o, en su caso, al servicio de prevención, acerca de cualquier situación que, a su juicio, entrañe, por motivos razonables, un riesgo para la seguridad y la salud de los trabajadores.

5. Contribuir al cumplimiento de las obligaciones establecidas por la autoridad competente con el fin de proteger la seguridad y la salud de los trabajadores en el trabajo.
6. Cooperar con el empresario para que éste pueda garantizar unas condiciones de trabajo que sean seguras y no entrañen riesgos para la seguridad y la salud de los trabajadores.

24. ¿Pueden los trabajadores efectuar propuestas al empresario y a los órganos de participación para mejorar los niveles de protección de la seguridad y salud en la empresa?

a) No.
b) Sí.
c) Según el tamaño de la empresa.
d) Según el número de trabajadores.

Respuesta correcta: b) Sí.

En el artículo 18.2 de la Ley 31/1995, se indica que, los trabajadores tienen derecho a efectuar propuestas al empresario, así como a los órganos de participación y representación, dirigidas a la mejora de los niveles de protección de la seguridad y la salud en la empresa.

25. Los trabajadores designados para la prevención de riesgos profesionales, así como los integrantes del Servicio de prevención, en el ejercicio de dicha función:

a) Gozarán de las garantías que para los representantes de los trabajadores establecen las letras a), b) y c) del artículo 68 y el apartado 4 del artículo 56 del Texto Refundido de la Ley del Estatuto de los Trabajadores.
b) Gozarán de las garantías que para los representantes de los trabajadores establecen los artículos 68 y 56 del Texto Refundido de la Ley del Estatuto de los Trabajadores.
c) Tienen la misma consideración que el resto de los trabajadores, a todos los efectos.
d) Percibirán un complemento salarial por el desempeño de las funciones de prevención de riesgos laborales.

Respuesta correcta: b) Gozarán de las garantías que para los representantes de los trabajadores establecen los artículos 68 y 56 del Texto Refundido de la Ley del Estatuto de los Trabajadores.

El apartado 4 del artículo 30, dispone que los trabajadores designados no podrán sufrir ningún perjuicio derivado de sus actividades de protección y prevención de los riesgos profesionales en la empresa y que, en el ejercicio de esta función, dichos trabajadores gozarán, en particular, de las garantías que para los representantes de los trabajadores establecen las letras a), b) y c) del artículo 68 y el apartado 4 del artículo 56 del texto refundido de la Ley del Estatuto de los Trabajadores.

Solución al test n.º 4

1. a) La posibilidad de que un trabajador sufra un determinado daño derivado del trabajo

2. c) El empresario.

3. a) La totalidad de las relaciones laborales reguladas en el Estatuto de los Trabajadores.

4. b) Evaluar los riesgos que se puedan evitar.

5. d) El delegado de personal.

6. b) 50 o más trabajadores.

7. d) El Comité de Seguridad y Salud.

8. c) Cuando los riesgos no se puedan evitar o no puedan limitarse.

9. d) El órgano de representación de personal podrá acordar la paralización de la actividad.

10. c) Las enfermedades, patologías o lesiones sufridas con motivo u ocasión del trabajo.

11. b) Sí.

12. d) Acuerdo por mayoría de sus miembros. Tal acuerdo será comunicado de inmediato a la empresa y a la autoridad laboral, la cual, en el plazo de 24 horas, anulará o ratificará la paralización acordada.

13. d) En las empresas de treinta y un trabajadores el Delegado de Prevención será el Delegado de Personal.

14. a) La evaluación de riesgos y la planificación de la actividad preventiva.

15. a) Deberá realizarse en caso de imposibilidad de adaptación del propio puesto.

16. b) El Gobierno de la nación, previa consulta a las organizaciones sindicales y empresariales más representativas.

17. d) Un representante de cada una de las Comunidades Autónomas y por igual número de miembros de la Administración General del Estado y, paritariamente con todos los anteriores, por representantes de las organizaciones empresariales y sindicales más representativas.

18. c) A la Inspección de Trabajo y Seguridad Social.

19. a) Más de 500 trabajadores.

20. a) En ningún caso podrán desarrollar para empresas las funciones correspondientes a los servicios de prevención.

TEST
PARTE ESPECÍFICA

TEST N.º 1

Concepto de salud, enfermedad, salud pública y medioambiental

1. ¿Qué concepción de la salud es la más antigua del hombre?

a) La mágico-religiosa.
b) La miasmática.
c) La bacteriológica.
d) La multicausal y ecológica.

2. ¿En qué año fue definido el concepto de salud por la OMS?

a) En 1987.
b) En 1946.
c) En 1952.
d) En 1948.

3. ¿De qué están compuestos los miasmas según la química?

a) Carbono, hidrógeno y nitrógeno.
b) Oxígeno, carbono e hidrógeno.
c) Nitrógeno y oxígeno.
d) Hidrógeno y carbono.

4. ¿Quién define la salud como "el estado óptimo de un individuo que le permite llevar a cabo sus funciones de forma eficaz"?

a) Dunn.
b) Parsons.
c) Dubos.
d) Maslow.

5. ¿A qué necesidad o necesidades se les asignó la prioridad más alta en la pirámide de Maslow?

a) A las necesidades fisiológicas y de seguridad.
b) A la necesidad de pertenencia.

c) A la necesidad de autoestima.
d) A la necesidad de autorrealización.

6. ¿Quién definió la salud como "una aptitud óptima para la vida llena, fructífera y creativa?

a) Sigerid.
b) Hoysman.
c) La OMS.
d) Perpiñán.

7. ¿A qué no se refieren los aspectos sociales del concepto de salud en la actualidad?

a) Al bienestar social.
b) Al proceso de adaptación y desadaptación al medio.
c) Al trabajo social productivo.
d) A la existencia o no de incapacidades o invalideces.

8. ¿Cómo debemos entender los conceptos de salud y enfermedad?

a) Como estados diferentes y perfectamente diferenciados.
b) Como parte de un proceso único, el proceso Salud-Enfermedad.
c) Como estados diferentes pero relacionados entre sí.
d) Ninguna es correcta.

9. ¿Qué categoría adquieren ciertos comportamientos que se arraigan en la sociedad?

a) Ley.
b) Norma.
c) Los comportamientos no adquieren ninguna categoría.
d) Derecho.

10. ¿Qué enfoques posee el actual concepto de salud?

a) Fisiológico y estático.
b) Ecológico y dinámico.
c) Ecológico y estático.
d) Fisiológico y dinámico.

11. ¿Qué aspecto de estos es objetivo respecto a la enfermedad?

a) Sentir malestar.
b) Hecho de funcionar.
c) Sentir bienestar.
d) Hecho de poseer una limitación de funcionar.

12. ¿Qué agente del medio ambiente como determinante de salud es de tipo físico?

a) Anhídrido carbónico (efecto invernadero).
b) Grado de cultura.
c) Radiaciones ionizantes.
d) Virus del SIDA.

13. ¿Qué factor de estos actúa como determinante sobre la salud en cuanto a ser inadecuado, como estilo de vida?

a) Consumo de drogas.
b) Residuos urbanos e industriales.
c) Envejecimiento social.
d) No gratuidad del sistema público de salud.

14. ¿Qué determinante social de la salud se refiere al impacto del entorno físico en el bienestar de una persona?

a) Cultura.
b) Ambiente físico.
c) Empleo y condiciones laborales.
d) Redes de apoyo social y comunitario.

15. ¿Cómo se denomina la fase del período patogénico clínico donde empiezan a aparecer las primeras manifestaciones o síntomas, pero aún son escasos?

a) Fase de estado o florida.
b) Fase de incubación.
c) Fase prodrómica.
d) Fase final o de resolución.

16. ¿Qué prevención tiene por objeto durante la historia natural de la enfermedad disminuir la incidencia de enfermedades?

a) La prevención primaria.
b) La prevención secundaria.
c) La prevención terciaria.
d) La prevención cuaternaria.

17. En el adulto, la prevención primaria de salud no pasa por:

a) Control de los agentes nocivos del medio ambiente.
b) Evitación de la exposición a factores nocivos.
c) Modificación de conductas insanas.
d) Rehabilitación física y adaptación social.

18. La prevención primaria se lleva a cabo durante la enfermedad en el periodo:

a) Prepatogénico.
b) Presintomático.
c) Convaleciente.
d) Patogénico.

19. ¿Qué coste es indirecto en un programa de cribado?

a) Personal sanitario involucrado.
b) Útiles e instrumentales utilizados.
c) Repetición de una prueba diagnóstica por falso positivo o negativo.
d) Desplazamientos en vehículos ajenos o/y propios del personal sanitario.

20. ¿Quién descubrió la vacuna de la viruela?

a) Edward Jenner.
b) Johann Peter Frank.
c) Edwin Chadwick.
d) Lemuel Shattuck.

En MADTEST tienes **150 preguntas más de este tema, comentadas y argumentadas**, y elaboradas por empleados de las Administraciones Públicas teniendo en cuenta los últimos exámenes oficiales. Logra tu plaza con MADTEST: Test de calidad.

¡Supera tus límites con MADTEST!

A continuación te presentamos algunos ejemplos de preguntas comentadas:

21. ¿Cuál de estas variables no se toma en cuenta en la visión de la salud como una concepción social?

a) Nivel biológico.
b) Nivel físico.
c) Nivel histórico.
d) Nivel social.

Respuesta correcta: b) Nivel físico.

Se debe entender como un proceso de adaptación-desadaptación al medio. Es considerada por muchos autores como la visión más completa y actualizada de la salud y toma en consideración tres tipos de variables a tener en cuenta: Nivel biológico, Nivel histórico y Nivel social.

22. ¿Qué factores son considerados determinantes del estado de salud?

a) El trabajo social productivo.
b) Los procesos de adaptación y desadaptación al medio social y cultural en el que nos desenvolvemos.
c) El comportamiento del individuo.
d) Ninguna es correcta.

Respuesta correcta: b) Los procesos de adaptación y desadaptación al medio social y cultural en el que nos desenvolvemos.

Los procesos de adaptación y desadaptación al medio social y cultural en que nos desenvolvemos son considerados factores determinantes del estado de salud.

Ciertos comportamientos se van arraigando en la sociedad de tal forma que llegan a adquirir la categoría de norma, puesto que la presión social los convierte en hábitos culturales que definen y marcan los estilos de vida de cada pueblo o comunidad.

23. ¿Cómo se denomina el nivel de prevención que se desarrolla antes de que la enfermedad se origine, según el momento de actuación de la historia natural de la enfermedad?

a) Primaria.
b) Secundaria.
c) Terciaria.
d) Cuaternaria.

Respuesta correcta: a) Primaria.

Las actividades de la prevención primaria (muchas de ellas pertenecientes al campo de promoción de la salud) pretenden disminuir la probabilidad de (o impedir la) aparición de afecciones y enfermedades; con ello se disminuirá el número de casos nuevos que aparecen en un periodo de tiempo determinado, esto es, la incidencia de estas enfermedades. La prevención primaria se lleva a cabo en el periodo prepatogénico de la historia natural de la enfermedad.

24. ¿Cuál de estas recomendaciones sanitarias no pertenece al informe de Shattuck?

a) Programa de saneamiento de ciudades y viviendas.
b) Elaboración de estudios sobre las enfermedades prevalentes de la época.
c) Incluir la medicina preventiva en la práctica clínica.
d) Mejorar la relación que existe entre la pobreza y la enfermedad.

Respuesta correcta: d) Mejorar la relación que existe entre la pobreza y la enfermedad.

El **informe Chadwick** sobre el estado de las ciudades de Inglaterra y Gales, insistía en la relación que existe entre la pobreza y la enfermedad. Chadwick llegó a la conclusión de que la salud de la población depende fundamentalmente de las condiciones socioeconómicas y del saneamiento. Para llegar a esta conclusión elaboró un estudio estadístico de algunos estamentos sociales (la aristocracia, la clase obrera, etc.).

El **informe Shattuck** recoge una serie de recomendaciones sanitarias de la ciudad de Massachusetts: programa de saneamiento de ciudades y viviendas, elaboración de estudios sobre las enfermedades prevalentes de la época, fomentar la higiene estableciendo letrinas y casas de baños públicos e incluir la medicina preventiva en la práctica clínica.

25. ¿Qué influencia o conjunto de influencias externas no forma parte del concepto de la OMS de medio ambiente?

a) Influencias físicas y químicas.
b) Influencias biológicas.
c) Influencias sociales.
d) Influencias genética del individuo.

Respuesta correcta: d) Influencias genética del individuo.

Según la OMS, el medio ambiente es «el conjunto de influencias externas, físicas, químicas, biológicas y sociales que ejercen un efecto significativo y perceptivo sobre la salud y el bienestar del individuo en la comunidad». En la actualidad se insiste en la creciente importancia de los factores psicosociales y socioculturales (drogadicción, violencia, delincuencia...) junto con los de carácter fisicoquímico (clima, medio rural o urbano, condiciones físicas del hogar, trabajo...) y biológico (alimentos, vectores...).

Solución al test n.º 1

1. a) La mágico-religiosa.

2. b) En 1946.

3. a) Carbono, hidrógeno y nitrógeno.

4. b) Parsons.

5. a) A las necesidades fisiológicas y de seguridad.

6. b) Hoysman.

7. a) Al bienestar social.

8. b) Como parte de un proceso único, el proceso Salud-Enfermedad.

9. b) Norma.

10. b) Ecológico y dinámico.

11. d) Hecho de poseer una limitación de funcionar.

12. c) Radiaciones ionizantes.

13. a) Consumo de drogas.

14. b) Ambiente físico.

15. c) Fase prodrómica.

16. a) La prevención primaria.

17. d) Rehabilitación física y adaptación social.

18. a) Prepatogénico.

19. c) Repetición de una prueba diagnóstica por falso positivo o negativo.

20. a) Edward Jenner.

TEST N.º 2

Servicio de Admisión y Servicio de Atención al paciente

1. ¿Qué ingresos de estos consideras no programado en Salud Mental?

a) Ingreso Voluntario Ordinario.
b) Ingreso Voluntario Urgente.
c) Ingreso Involuntario Ordinario.
d) Ninguno de los anteriores.

2. ¿Qué profesional no forma parte de la Comisión de Admisión de enfermos de un Centro o Unidad de Internamiento psiquiátrico?

a) Un Trabajador Social.
b) Un enfermero desde donde se efectuó el ingreso del enfermo.
c) El Director del Centro o Facultativo del mismo en quien delegue.
d) El Jefe de la Unidad Psiquiátrica.

3. La Admisión en régimen de hospitalización conocida como Admisión de Ingresos o Admisión de Hospitalización se denomina también Admisión:

a) Específica.
b) General.
c) De Consultas.
d) De Urgencias.

4. La Unidad de Admisión dentro del Hospital no es responsable de:

a) La atención y la orientación al usuario durante su estancia en el centro sanitario.
b) La recepción y citación de los pacientes para Consultas Externas.
c) La recepción y registro de las urgencias.
d) La recepción, formalización del ingreso y asignación de cama a los pacientes que van a ser hospitalizados.

5. ¿De quién depende directamente el Servicio de admisión de un hospital, si en los mismos no existe Gerencia?

a) De la División de gestión y mantenimiento.
b) De la División médica.
c) De la División de enfermería.
d) De la División farmacéutica.

6. ¿Qué función no posee el Servicio de Admisión de ingresos de un hospital?

a) La gestión de las camas de hospitalización, según la ordenación establecida por la Dirección del Hospital.
b) Identificación de los pacientes, y control y autorización de traslados.
c) La de informar al usuario/paciente, así como de atender y garantizar la tramitación de las reclamaciones que se puedan producir.
d) Identificación de los pacientes.

7. Si un paciente ingresado en el hospital, requiere ser trasladado del Servicio de Medicina Interna al Servicio de Radiología, para la realización de exámenes, ¿quién autorizará de forma operativa dicho traslado?

a) El Servicio de Medicina Interna.
b) El Servicio de Radiología.
c) El Servicio de Admisión.
d) No requiere de concesión o autorización alguna, el celador lo llevará donde lo requiera el facultativo.

8. ¿Qué bienes de los pacientes/usuarios se custodian en la práctica generalmente?

a) Todos aquellos de los pacientes ingresados en la UCI.
b) Todos aquellos de los pacientes ingresados por Urgencias.
c) Todos aquellos de los pacientes ingresados en consultas externas.
d) Todos aquellos de los pacientes ingresados en habitaciones dentro de los servicios de un hospital.

9. ¿Dónde se llevará a cabo la custodia o depósito de pertenencias del usuario/paciente dentro de un hospital?

a) En el Servicio de Atención al Paciente.
b) En la Unidad de Admisión.
c) En la Unidad de Altas.
d) En la Unidad de Mantenimientos y movimientos de Pacientes en el Hospital.

10. ¿Cómo se elaborará el censo de camas ocupadas en un hospital?

a) Valorando las que podrían ocuparse en un día, menos las que se ocupan realmente.
b) Restando al número de camas totales de un hospital, las que están disponibles en ese día.
c) Restando al número de camas disponibles de un hospital, las que están ocupadas en ese día.
d) Restando al número de camas ocupadas, las que están disponibles en ese día.

11. ¿Con qué fin, la unidad de admisión dispondrá de un dispositivo orgánico en la puerta de urgencias del hospital?

a) Con el fin de evitar recibir a los usuarios/pacientes.
b) Con el fin de no registrar las entradas y las salidas del hospital.
c) Con el fin de distribuir a los usuarios/pacientes a la consulta o servicio que corresponda.
d) Con el fin de atender al enfermo en sus necesidades.

12. ¿Cómo puede actuar la Admisión de urgencias en un hospital?

a) Como oficina delegada durante el día.
b) Como unidad central de Admisión en días o circunstancias especiales (festivos, noches, etc.).
c) Como oficina delegada durante el día y como unidad central de Admisión en días o circunstancias especiales (festivos, noches, etc.).
d) Como oficina propiamente de Admisión o como oficina de Atención y Orientación al usuario/paciente.

13. ¿Qué función de estas no desempeña la Unidad de Admisión de urgencias en la recepción y registro de los pacientes?

a) Datos de filiación del paciente (nombre y apellidos, edad, sexo, domicilio…).
b) Persona que lo remite a urgencias: médico de familia, especialista, autoridad, o por propia iniciativa.
c) Motivo de la urgencia.
d) Fecha del alta y causa de la misma: curación, alta voluntaria, traslado a otro centro, defunción u otras causas.

14. ¿Por qué Plan se regirá la Admisión de Consultas en un Hospital?

a) Se regirá por el Plan de Organización de las Consultas Externas.
b) Se regirá por el Plan de Organización de las Consultas Internas.
c) Se regirá por el Plan de Organización de las Consultas de Urgencias.
d) Se regirá por el Plan de Organización de las Consultas Externas, Internas y de Urgencias.

15. La Admisión hospitalaria de los pacientes será:

a) No centralizada.
b) Centralizada.
c) No prioritaria.
d) Específica, según especialidad.

16. ¿De quién depende y a qué está adscrito el Servicio de Atención al Paciente (SAP) o Servicio de Información al Usuario (SIU) si no existe Gerencia?

a) Depende y está adscrito exclusivamente a la División de Enfermería.
b) Depende y está adscrito exclusivamente a la División de Docencia e Investigación.
c) Depende y está adscrito exclusivamente a la División Médica.
d) Depende y está adscrito al Servicio de Recursos Humanos, y si no existe este, queda adscrito a la División Médica.

17. Para el traslado de un paciente es necesario:

a) Que este lo realice con comodidad.
b) Llevarlo a cabo en el tiempo que sea necesario, impidiendo que se haga en la menor duración posible, ya que se podrían producir accidentes de tráfico.
c) El celador supervisará cómo los familiares le ayudan a acomodarse dentro del vehículo.
d) Los traslados dentro del mismo hospital, de un servicio a otro, no exige que el servicio de Admisión lo autorice.

18. El acrónimo SAP se corresponde dentro de un hospital con:

a) El Servicio Asistencial Público.
b) El Servicio de Admisión al Público.
c) El Servicio de Atención al Paciente.
d) Nada de lo anterior es correcto.

19. ¿Qué servicio dentro del hospital, se encargará de indicar a un familiar de un paciente la información referida a servicios ciudadanos ajenos al centro?

a) SIU.
b) SOAP.
c) SIEP.
d) SOP.

20. ¿Qué estadísticas de estas no se manejan en el Servicio de Atención al Paciente?

a) Nivel de satisfacción de los usuarios.
b) Motivos de queja o reclamación.
c) Tipo de información solicitada.
d) Número de camas ocupadas en un período de tiempo.

En MADTEST tienes **90 preguntas más de este tema, comentadas y argumentadas**, y elaboradas por empleados de las Administraciones Públicas teniendo en cuenta los últimos exámenes oficiales. Logra tu plaza con MADTEST: Test de calidad.

¡Supera tus límites con MADTEST!

A continuación te presentamos algunos ejemplos de preguntas comentadas:

21. En el ámbito de la Salud Mental, la admisión de los enfermos psiquiátricos ha de ser valorada por:

a) Una Comisión de Admisión de Enfermos.
b) El Servicio de Recepción de Salud Mental.
c) El Servicio de Recursos Humanos.
d) Una Comisión de Admisión de Enfermeros.

Respuesta correcta: a) Una Comisión de Admisión de Enfermos.

En el ámbito de la **Salud Mental**, la admisión de los enfermos psiquiátricos ha de ser valorada por una **Comisión de Admisión de Enfermos**, que decidirá sobre la procedencia del ingreso, distinguiéndose, a efectos legales, las siguientes modalidades de ingreso:
– Ingreso Voluntario Ordinario (programado).
– Ingreso Voluntario Urgente (no programado).
– Ingreso Involuntario Ordinario (programado).
– Ingreso Involuntario Urgente (no programado).

22. Dentro de la Unidad de Admisión, la Admisión de consultas externas, se realizará en régimen:

a) Extraordinario.
b) De Hospitalización.
c) De asistencia de Urgencias.
d) Ambulatorio.

Respuesta correcta: d) Ambulatorio.

Real Decreto 521/1987, de 15 de abril, por el que se aprueba el Reglamento sobre Estructura, Organización y Funcionamiento de los Hospitales gestionados por el Instituto Nacional de la Salud.
Sección IV. Funcionamiento
Artículo 31.
Las consultas externas de los hospitales comprenderán la policlínica-consulta externa, dentro del recinto hospitalario, en la que recibirán atención los pacientes que necesiten métodos especiales de diagnósticos o terapéuticos. Igualmente, comprenderán la consulta ambulatoria periférica dentro del ámbito territorial del área de Salud.

23. La asignación de camas en particular y todo ingreso o consulta en el hospital en general, se realizará siempre a través:

a) Del Servicio de Enfermería.
b) Del Servicio de Celadores.
c) Del Servicio de Admisión.
d) Del Servicio de Gestión de recursos humanos.

Respuesta correcta: c) Del Servicio de Admisión.
Las funciones en Admisión de Ingresos son:
1. La gestión de las camas de hospitalización, según la ordenación establecida por la Dirección del Hospital.
2. Identificación de los pacientes.
3. Control y autorización de traslados.
4. Control y autorización de altas.
5. Establecimiento del régimen económico provisional de la prestación asistencial.
6. Custodia de pertenencias.

24. La función o responsabilidad del Servicio de Atención al Paciente es:

a) La de informar al usuario/paciente, así como de atender y garantizar la tramitación de las reclamaciones que se puedan producir.
b) La de conducir al usuario/paciente hacia las distintas dependencias que les vienen asignadas previa indicación del Jefe de Personal Subalterno.
c) La gestión de las camas de hospitalización, según la ordenación establecida por la Dirección del Hospital.
d) Ninguna de las anteriores.

Respuesta correcta: a) La de informar al usuario/paciente, así como de atender y garantizar la tramitación de las reclamaciones que se puedan producir.
El servicio de Atención al paciente (SAP) o Servicio de Información al Usuario (SIU) es el responsable de informar al mismo, así como de atender y garantizar la tramitación de las reclamaciones que se puedan producir. Esta área de actividad depende y está adscrito a la Gerencia del hospital (en el caso de los hospitales donde no exista Gerencia esta actividad queda adscrita a la División Médica).

25. Manifestar un desacuerdo de forma verbal es:

a) Una reclamación.
b) Una patraña.
c) Una sugerencia.
d) Un arrebato.

Respuesta correcta: a) Una reclamación.
Una reclamación es una petición, una demanda que una persona plantea ante otra con el objetivo de resolver un problema concreto. Una reclamación también puede realizarse ante una institución específica o ante un comercio. Los clientes tienen derechos como consumidores de defender esos derechos ante el establecimiento.

Solución al test n.º 2

1. b) Ingreso Voluntario Urgente.

2. b) Un enfermero desde donde se efectuó el ingreso del enfermo.

3. b) General.

4. a) La atención y la orientación al usuario durante su estancia en el centro sanitario.

5. b) De la División médica.

6. c) La de informar al usuario/paciente, así como de atender y garantizar la tramitación de las reclamaciones que se puedan producir.

7. c) El Servicio de Admisión.

8. b) Todos aquellos de los pacientes ingresados por Urgencias.

9. b) En la Unidad de Admisión.

10. b) Restando al número de camas totales de un hospital, las que están disponibles en ese día.

11. c) Con el fin de distribuir a los usuarios/pacientes a la consulta o servicio que corresponda.

12. c) Como oficina delegada durante el día y como unidad central de Admisión en días o circunstancias especiales (festivos, noches, etc.).

13. d) Fecha del alta y causa de la misma: curación, alta voluntaria, traslado a otro centro, defunción u otras causas.

14. a) Se regirá por el Plan de Organización de las Consultas Externas.

15. b) Centralizada.

16. c) Depende y está adscrito exclusivamente a la División Médica.

17. a) Que este lo realice con comodidad.

18. c) El Servicio de Atención al Paciente.

19. a) SIU.

20. d) Número de camas ocupadas en un período de tiempo.

TEST N.º 3

El proceso de la comunicación. Humanización de la asistencia sanitaria. Trabajo en equipo

1. Al individuo que habla, gesticula, escribe, pinta, etc., en la comunicación, se le denomina:

a) Mensajero.
b) Fuente.
c) Receptor.
d) Destino.

2. ¿Cómo se denomina la comunicación en que se emite un mensaje por parte del emisor que llega al receptor, consiguiendo que este ejecute una tarea o una función?

a) Comunicación Horizontal.
b) Comunicación Diagonal.
c) Comunicación Vertical.
d) Comunicación Triangular.

3. ¿A qué se denomina el método que permite a una persona hacer comprensible a otra cualquier idea o hecho que se le quiere transmitir?

a) Comunicación.
b) Transmisión.
c) Explicación o charla.
d) Transferencia.

4. ¿Qué barrera del lenguaje se da por discapacidad física?

a) Neurosis.
b) Alteraciones de la memoria.
c) Ceguera.
d) Psicosis.

5. ¿Cuál es el objetivo en la relación interpersonal celador/paciente/familiar?

a) La salud.
b) La eficiencia profesional.
c) La ayuda.
d) La eficacia profesional.

6. ¿Qué término se aplica cuando en una relación interpersonal no se consigue lo que se esperaba?

a) Enojo.
b) Frustración.
c) Agresividad.
d) Deserción.

7. ¿En qué pilares ha de basarse la relación interpersonal?

a) Compromiso, objetivo común y desinterés.
b) Sinceridad, confianza y respeto.
c) Cooperación, dominación y aislamiento.
d) Confianza, creatividad, compromisos renovados y respeto mutuo.

8. ¿Cómo se denomina aquella habilidad personal que nos permite expresar sentimientos, opiniones y pensamientos, en el momento oportuno, de la forma adecuada, sin negar ni desconsiderar los derechos de los demás?

a) Compromiso.
b) Empatía.
c) Simpatía.
d) Asertividad.

9. El funcionamiento objetivo de un equipo de trabajo debe reunir todas estas características excepto:

a) Determinación del fin a obtener de modo transparente.
b) El fin a obtener debe ser conocido por todos sus miembros.
c) Descripción de soluciones mediante la utilización de las sugerencias y soluciones expuestas por los miembros.
d) Ejecución del objetivo, exclusivamente a través del líder o superior.

10. ¿Qué es falso de estas afirmaciones?

a) Un grupo de personas es siempre un equipo de trabajo.
b) Un equipo de trabajo está formado siempre por un grupo de personas.
c) Un equipo es un grupo de personas que se organiza para realizar una actividad con un objetivo preciso.
d) Grupo y equipo son dos conceptos diferentes.

11. ¿Qué se define como la integración de elementos que da como resultado algo más grande que la simple suma de estos?

a) Antagonismo.
b) Coordinación.
c) Indiferencia.
d) Sinergia.

12. El compromiso en un trabajo en equipo es:

a) Cuando cada miembro asume voluntariamente el hecho de aportar lo mejor de sí mismo, para conseguir los objetivos del grupo y de la organización en general.
b) La necesidad de poder coordinar las distintas actuaciones individuales.
c) La interdependencia positiva entre las personas participantes en un equipo.
d) Todo lo anterior es falso.

13. ¿Cuál es la cifra recomendada en cuanto a número de miembros en los equipos de salud?

a) De aproximadamente 5.
b) De aproximadamente 10.
c) De aproximadamente 15.
d) De aproximadamente 20.

14. ¿En qué etapa de la puesta en marcha de un equipo de trabajo se superan generalmente los enfrentamientos personales y el proyecto comienza a salir adelante?

a) En la etapa de inicio.
b) En la etapa de madurez.
c) En la etapa de acoplamiento.
d) En la etapa de primeras dificultades.

15. ¿Qué rol de estos consideras que es funcional de producción en un equipo de trabajo?

a) El crítico.
b) El iniciador.
c) El pícaro.
d) El negativo.

16. ¿Cómo se denomina a aquel sujeto *con capacidad para formar, orientar y dar criterio a un determinado grupo de auxiliares, en una institución sanitaria*?

a) Líder.
b) Intelectual.
c) Asertivo.
d) Prolíder.

17. ¿Qué función de un líder de un grupo multidisciplinario no es adecuada?

a) Hacer que marche y funcione sin más la organización.
b) Ordenar y controlar los conflictos internos.
c) Imbuir el espíritu del grupo.
d) Definir la misión y el papel del grupo.

18. ¿Qué estilo de comunicación favorece la cooperación y evita la confrontación?

a) Comunicación agresiva.
b) Comunicación pasiva.
c) Comunicación asertiva.
d) Comunicación manipulativa.

19. En el proceso de comunicación, ¿cuál es el principal obstáculo cuando el técnico utiliza un lenguaje que el paciente no puede descodificar?

a) Terminología científica.
b) Expresión no verbal.
c) Flujo de información excesivo.
d) Interferencias psicológicas.

20. ¿Cuál de los siguientes no es un componente de la actitud según la psicología social?

a) Componente cognoscitivo.
b) Componente afectivo.
c) Componente motivacional.
d) Componente conductual.

En MADTEST tienes **130 preguntas más de este tema, comentadas y argumentadas**, y elaboradas por empleados de las Administraciones Públicas teniendo en cuenta los últimos exámenes oficiales. Logra tu plaza con MADTEST: Test de calidad.

¡Supera tus límites con MADTEST!

A continuación te presentamos algunos ejemplos de preguntas comentadas:

21. Cuando un técnico en Cuidados Auxiliares de Enfermería se comunica con el paciente, trata de compartir adecuadamente todo lo que se expone, excepto:

a) Informaciones e ideas.
b) Actitudes.

c) Sentimientos.
d) Asuntos personales de trascendencia del técnico.

Respuesta correcta: d) Asuntos personales de trascendencia del técnico.

Cuando un técnico en cuidados auxiliares de enfermería se comunica con el resto del personal y con los pacientes, trata de compartir informaciones, ideas, actitudes y sentimientos. Por tanto es fundamental para que dos personas se comuniquen entre sí, mantener sintonizado y en estado de atención e interés mutuo al que comunica y a la persona que recibe la comunicación.

22. La comunicación que emplea el código dibujos es:

a) Lingüística escrita.
b) Lingüística visual.
c) No lingüística visual.
d) No lingüística gestual.

Respuesta correcta: c) No lingüística visual.

No lingüística:
– Visual: el código utilizado son figuras, dibujos, etc.
– Gestual: el código utilizado es corporal (gestos).
– Acústica: el código utilizado es un ruido producido por un aparato.

23. En la distancia pública el TCAE y el paciente que se comunican están separados en más de:

a) 0,5 m.
b) 1 m.
c) Más de 2 m.
d) Entre 1 y 2 m.

Respuesta correcta: c) Más de 2 m.

La **proxemia** es la disciplina que estudia cómo gestionamos los espacios en nuestra interacción social, laboral y personal con otros individuos. Algunos autores hablan de que hay diferentes tipos de distancia según la separación existente entre los dos interlocutores: **distancia pública,** cuando el profesional sanitario que comunica con el paciente está separado de él más de dos metros; **distancia social** (entre 1-2 metros); **distancia personal** (entre 0,5-1 m) y **distancia íntima** (0,50 metros).

24. ¿En qué componentes de las actitudes, según el modelo de McGill, se deben sustentar el apoyo y la ayuda a la persona enferma, y por ello en su formación?

a) Habilidades sociales y componente conductual de la actitud.
b) Componente físico y conductual de la actitud.

c) Componente afectivo, cognoscitivo y conductual de la actitud.

d) Componente físico, afectivo, cognoscitivo y conductual de la actitud.

Respuesta correcta: c) Componente afectivo, cognoscitivo y conductual de la actitud.

En toda actitud hay varios componentes:

– **Componente cognoscitivo:** formado por la idea, el conocimiento o la creencia que se posee de una persona, objeto o hecho.

– **Componente afectivo:** se refiere al grado de motivación que hace ser favorable o desfavorable la vinculación afectiva con la persona o el hecho. Se refiere a los motivos que impulsan a actuar de una determinada manera.

– **Componente conductual:** formado por la tendencia de la conducta que se traduce en comportamientos determinados.

25. En un equipo de trabajo:

a) Su organización es muy jerárquica.

b) Cada miembro puede tener una manera particular de funcionar.

c) Es necesario que posean todos sus miembros la misma profesión.

d) Es necesaria la coordinación.

Respuesta correcta: d) Es necesaria la coordinación.

El trabajo en equipo no es simplemente la suma de aportaciones individuales, implica un grupo de personas trabajando de manera coordinada en la ejecución de un proyecto, de cuyo resultado final es responsable todo el equipo a pesar de que cada uno desarrolle tareas diferentes.

Solución al test n.º 3

1. b) Fuente.

2. a) Comunicación Horizontal.

3. c) Explicación o charla.

4. c) Ceguera.

5. c) La ayuda.

6. b) Frustración.

7. b) Sinceridad, confianza y respeto.

8. d) Asertividad.

9. d) Ejecución del objetivo, exclusivamente a través del líder o superior.

10. a) Un grupo de personas es siempre un equipo de trabajo.

11. d) Sinergia.

12. a) Cuando cada miembro asume voluntariamente el hecho de aportar lo mejor de sí mismo, para conseguir los objetivos del grupo y de la organización en general.

13. b) De aproximadamente 10.

14. c) En la etapa de acoplamiento.

15. b) El iniciador.

16. a) Líder.

17. a) Hacer que marche y funcione sin más la organización.

18. c) Comunicación asertiva.

19. a) Terminología científica.

20. c) Componente motivacional.

TEST N.º 4

Educación para la salud

1. ¿A cuál de estos profesionales no consideras un agente de la EPS?

a) Trabajadores Sociales.
b) Maestros.
c) Abogados.
d) Farmacéuticos.

2. ¿Cuál es el primer eslabón social para llevar a cabo la práctica de la Educación para la Salud con el fin de mejorar los indicadores de salud en la Comunidad?

a) La familia.
b) Los servicios de salud.
c) La escuela.
d) La empresa.

3. ¿De quién es competencia la Educación para la Salud en nuestro país a nivel de empresa?

a) Del médico y enfermero de Atención Primaria.
b) De los Servicios Médicos de Empresa y de los Institutos de Seguridad e Higiene en el Trabajo.
c) De los Servicios Médicos de Empresa y del médico y enfermero de Atención Primaria.
d) Del médico y enfermero de Atención Especializada.

4. ¿Cuántos criterios a tener en cuenta estableció Barlett para realizar Educación para la Salud en enfermos?

a) 5.
b) 6.

c) 7.
d) 8.

5. ¿A qué nivel de prevención se corresponden las acciones dirigidas a informar y motivar a los ciudadanos para que abandonen los estilos de vida insanos?

a) Primario.
b) Secundario.
c) Terciario.
d) Cuaternario.

6. ¿Qué es falso de los métodos directivos en la Educación para la Salud?

a) El cambio de conducta hacia un mal hábito suele ser permanente.
b) Se apoyan en la autoridad de quien imparte la EPS.
c) El objetivo con estos métodos no suele alcanzarse.
d) Se intenta incluir conocimientos en la persona para que su comportamiento se modifique de forma permanente.

7. Los métodos y medios de Educación para la Salud se fijarán en función de:

a) El receptor, el coste económico de personal que imparte y el tiempo.
b) El coste económico de personal y tiempo que se lleva a cabo.
c) El contenido, el receptor y el coste económico de personal y tiempo.
d) Exclusivamente del receptor que sufre el efecto de la EPS.

8. ¿Qué método de Educación para la Salud es indirecto?

a) Proyección de vídeo.
b) Entrevista.
c) Charla.
d) Clase.

9. ¿A qué se denomina la capacidad del entrevistador para entender los problemas y sentimientos del paciente?

a) Empatía.
b) Simpatía.
c) Amabilidad.
d) Asertividad.

10. ¿A qué nos referimos con la capacidad del entrevistador para dejar hablar y para escuchar?

a) Asertividad.
b) Reactividad.
c) Simpatía.
d) Retroalimentación.

11. ¿Qué elemento de la comunicación no verbal habla del estado emocional del individuo?

a) Apariencia física.
b) Escucha activa.
c) Expresiones de la cara.
d) Movimientos y sintonía.

12. ¿Qué gesto es mesarse los cabellos?

a) Adaptador.
b) Ilustrador.
c) Regulador.
d) Emblema.

13. ¿Cuál es el instrumento más usado por los profesionales de la Salud para dirigirse a grupos?

a) La entrevista clínica.
b) La clase.
c) La charla educativa.
d) La tertulia.

14. ¿Qué ventaja poseen los folletos?

a) El mensaje siempre permanece.
b) Es difícil repartirlos, ya que los puntos de distribución son muy numerosos.
c) Solo son válidos para personas que saben leer.
d) El mantenimiento y la reposición de material deben ser tarea conjunta de muchas personas.

15. ¿Qué método de Educación para la Salud es aquel que en el momento de realizarse, al mismo tiempo que se actúa se explica lo que se hace con la pretensión de enseñar?

a) Técnica 66 (Phillips 66).
b) Panel.

c) Demostración.
d) Seminario.

16. ¿Cuántos suelen ser los miembros de un panel de discusión para una audiencia?

a) 1-2.
b) 2-4.
c) 4-7.
d) Más de 10.

17. ¿Cómo se llama la herramienta que tiene como fin primordial mejorar la salud del paciente, procurando, como objetivo intermedio, cuidar al profesional, es decir, proporcionar a los pacientes la oportunidad de trabajar en sí mismos con miras a lograr mayores recursos y satisfacción personal y como miembros de la sociedad?

a) Técnica 66.
b) Psicodrama.
c) Sociodrama.
d) *Counselling*.

18. ¿Qué habilidades que se requieren para la aplicación óptima del *counselling*, permiten la relación interpersonal y, a través de ellas, abordar las emociones de los pacientes y estimular los cambios de conducta?

a) Habilidades emocionales.
b) Habilidades de motivación para el cambio de conducta.
c) Habilidades de comunicación.
d) Habilidades de sensatez y sentido común.

19. ¿Qué permite la adopción de tecnologías digitales en la educación para la salud?

a) Menor interacción entre pacientes y profesionales de la salud.
b) Disminución de la autonomía del paciente en la gestión de su salud.
c) Aumento del compromiso de los pacientes en su propio cuidado.
d) Limitación en el acceso a la atención sanitaria.

20. ¿Qué nuevo papel están asumiendo las enfermeras de práctica avanzada en el sistema de salud?

a) Solamente en funciones de cuidado directo al paciente.
b) Reducción de responsabilidades clínicas y aumento de tareas administrativas.
c) Roles de liderazgo en investigación y formulación de políticas de salud.
d) Exclusivamente en la educación de nuevos profesionales.

En MADTEST tienes **110 preguntas más de este tema, comentadas y argumentadas**, y elaboradas por empleados de las Administraciones Públicas teniendo en cuenta los últimos exámenes oficiales. Logra tu plaza con MADTEST: Test de calidad.

¡Supera tus límites con MADTEST!

A continuación te presentamos algunos ejemplos de preguntas comentadas:

21. ¿Cuál de estos no es un objetivo general de la Educación Sanitaria (OMS, Comité de expertos- 1953)?

a) Capacitar a las personas para el desempeño de las actividades relacionadas con la salud y en la toma de decisiones sobre lo concerniente a la salud de su comunidad.
b) Alcanzar la salud mediante otros y sin los propios esfuerzos individuales.
c) Hacer de la salud patrimonio de la colectividad.
d) Fomentar el establecimiento y utilización adecuada de los servicios de salud.

Respuesta correcta: b) Alcanzar la salud mediante otros y sin los propios esfuerzos individuales.

En 1953, el Comité de Expertos de la OMS en Educación Sanitaria, en su primer informe, declaró que "uno de los objetivos fundamentales en materia de Educación Sanitaria es ayudar a la gente a alcanzar la salud mediante sus propios actos y esfuerzos", señalando como objetivos generales de la Educación Sanitaria:

– Hacer de la salud patrimonio de la colectividad.
– Fomentar el establecimiento y utilización adecuada de los servicios de salud.
– Capacitar a las personas para el desempeño de las actividades relacionadas con la salud y en la toma de decisiones sobre lo concerniente a la salud de su comunidad.

22. ¿En qué parcela social propiamente no se lleva a cabo la práctica de la Educación para la Salud con el fin de mejorar los indicadores de salud en la Comunidad?

a) En el individuo.
b) En la familia.
c) En la escuela.
d) En la empresa.

Respuesta correcta: a) En el individuo.

Para mejorar los indicadores de salud en la comunidad, la Educación para la Salud debe llevarse a cabo en: la familia, la escuela, los servicios de salud, la empresa y la comunidad en general.

23. ¿Cuáles de estos consideras agentes intermedios que deben realizar Educación para la Salud en su ámbito laboral?

a) Profesores de secundaria.
b) Pacientes.
c) Familiares de pacientes.
d) Ninguno de los anteriores.

Respuesta correcta: a) Profesores de secundaria.

Actualmente las Instituciones Sanitarias contemplan en su cartera de Servicios la Educación para la Salud, dirigida tanto a los propios usuarios de los servicios (enfermos y familiares), como a agentes intermedios que deben realizar Educación para la Salud en su ámbito de trabajo (maestros/as, profesorado de secundaria, etc.).

24. ¿Qué método de Educación para la Salud es bidireccional?

a) Programa de radio de EPS.
b) Charla-coloquio.
c) Anuncio en la TV de EPS.
d) Entrevista radiofónica de EPS.

Respuesta correcta: b) Charla-coloquio.

Los **métodos bidireccionales** se podrían definir como aquellos en los cuales se realiza un intercambio entre el docente y el discente, de tal forma que puede existir un intercambio de papeles. Son ejemplos de estos métodos: los diálogos, la discusión en grupos, las charlas, la entrevista, etc.

25. Cuando el mensaje se vehiculiza por medio del timbre, tono y entonación de la palabra empleamos la comunicación:

a) Verbal.
b) Paraverbal.
c) No verbal.
d) Gesticular.

Respuesta correcta: b) Paraverbal.

Este tipo de lenguaje, tiene la doble función de mejorar la comprensión del lenguaje verbal y favorecer la manifestación de sentimientos, emociones y de actitudes del que habla. El lenguaje paraverbal se compone de una serie de características que complementan al lenguaje verbal:
- El volumen.
- El ritmo.
- Tono de la voz.
- Las repeticiones.
- Enlaces.
- Sonidos.
- Silencios.

Solución al test n.º 4

1. c) Abogados.

2. a) La familia.

3. b) De los Servicios Médicos de Empresa y de los Institutos de Seguridad e Higiene en el Trabajo.

4. d) 8.

5. a) Primario.

6. a) El cambio de conducta hacia un mal hábito suele ser permanente.

7. c) El contenido, el receptor y el coste económico de personal y tiempo.

8. a) Proyección de vídeo.

9. a) Empatía.

10. b) Reactividad.

11. c) Expresiones de la cara.

12. a) Adaptador.

13. c) La charla educativa.

14. a) El mensaje siempre permanece.

15. c) Demostración.

16. c) 4-7.

17. d) Counselling.

18. c) Habilidades de comunicación.

19. c) Aumento del compromiso de los pacientes en su propio cuidado.

20. c) Roles de liderazgo en investigación y formulación de políticas de salud.

Principios fundamentales de la Bioética. Dilemas éticos

1. ¿A qué se refiere cualquier circunstancia, dicho o hecho que perjudica a una persona en sus intereses, derechos o reputación respecto a terceros?

a) Difamación.
b) Calumnia.
c) Asalto.
d) Agravio.

2. ¿Cuál de estos no es un componente básico de los 8 que cita Mayeroff a desarrollar para disponer de la capacidad de cuidar?

a) Confianza.
b) Prudencia.
c) Paciencia.
d) Honestidad y humildad.

3. ¿Cuál sería, entre los pasos a seguir para la toma de decisiones éticas, el último a efectuar en la práctica clínica?

a) Principios.
b) Resolución del problema.
c) Descripción de problemas.
d) Decisiones a tomar.

4. ¿A qué nos referimos con un conjunto sistemático de principios que motivan y guían las acciones éticas?

a) A un modelo para la toma ética de decisiones.
b) Al propio juicio de cada sujeto, sea este profesional o no.
c) A un paradigma moral.
d) A un axioma ético.

5. ¿Qué ética supone la comprensión de lo que define a una profesión y sus funciones, establecer si esta profesión constituye o no nuestro absoluto profesional?

a) Ética personal.
b) Ética social.
c) Ética profesional.
d) Del profesional de enfermería.

6. ¿Qué profesionales sanitarios, dentro del equipo asistencial, son los que mantienen frecuentemente una relación más estrecha y continuada con el enfermo?

a) Enfermeros y TCAEs.
b) Médicos de Atención Primaria.
c) Técnicos Superiores Sanitarios.
d) Médicos de Atención Especializada.

7. ¿Qué forma de relación terapéutica del personal de enfermería es aquella en la que se desenvuelve situándose este en el papel del enfermo, para, desde esa situación, poder establecer una distancia y aportar salud en la medida de lo posible?

a) Relación abierta.
b) Relación simpática.
c) Relación cerrada.
d) Relación empática.

8. De estos, ¿qué código o principio rigen la experimentación con seres humanos?

a) Código da Vinci.
b) Código de Estocolmo.
c) Declaración Humana de Berna.
d) Código de Nuremberg.

9. ¿Cómo se consigue el respeto a la persona en toda experimentación o investigación sobre la misma?

a) Se consigue mediante la búsqueda del bien.
b) Se consigue mediante la confidencialidad.
c) Se consigue mediante el consentimiento.
d) Se consigue mediante la confidencialidad y el consentimiento.

10. ¿Cómo se denomina al acto cuando se actúa no para beneficiar o perjudicar a los demás?

a) Acto incívico.
b) Acto inmoral.

c) Acto amoral.
d) Son ciertas las respuestas b) y c).

11. ¿Sobre qué principios se apoya toda la asistencia sanitaria?

a) Principios de beneficencia y autonomía.
b) Principios de beneficencia y justicia.
c) Principios de autonomía, beneficencia y justicia.
d) Principios de autonomía, beneficencia, no maleficencia y justicia.

12. ¿Qué modelo de relación clínica es aquella que se basa en que el médico, a partir de sus conocimientos, es el que va a dirigir todo el proceso?

a) Modelo estándar.
b) Modelo paternalista.
c) Modelo informativo.
d) Modelo interpretativo.

13. ¿A qué modelo de relación clínica nos referimos si se basa en que el médico ayuda al paciente a elegir, entre todos los valores relacionados con su salud y que puedan desarrollarse en el acto clínico, aquellos que se consideren los mejores?

a) Deliberativo.
b) Paternalista.
c) Informativo.
d) Interpretativo.

14. Todo lo que se expone respecto al derecho a la maternidad es cierto, excepto:

a) Cuando se lleve a cabo el derecho a la maternidad, nadie será discriminado en el acceso a las prestaciones y servicios previstos en esta ley por motivos de origen racial o étnico, religión, convicción u opinión, sexo, discapacidad, orientación sexual, edad, estado civil, o cualquier otra condición o circunstancia personal o social.
b) Se reconoce el derecho a la maternidad libremente decidida.
c) El Estado no será el que velará para que se garantice la igualdad en el acceso a las prestaciones y servicios establecidos por el Sistema Nacional de Salud que inciden en el ámbito de aplicación de esta ley, ya que existen otros autores.
d) Los poderes públicos, de conformidad con sus respectivas competencias, llevarán a cabo las prestaciones y demás obligaciones que establece la presente ley en garantía de la salud sexual y reproductiva.

15. ¿Qué requisito necesario no es correcto para que se practique la interrupción voluntaria del embarazo?

a) Que se practique por una matrona bajo la dirección de un médico de familia.
b) Que se practique por un médico especialista o bajo su dirección.

c) Que se realice con el consentimiento expreso y por escrito de la mujer embarazada o, en su caso, del representante legal.

d) Que se lleve a cabo en centro sanitario público o privado acreditado.

16. ¿Hasta qué momento máximo de la gestación se podrá interrumpir el embarazo a petición de la embarazada, siempre que concurran los requisitos que indica la ley?

a) Hasta la 8.ª semana de gestación.
b) Hasta la 12.ª semana de gestación.
c) Hasta la 14.ª semana de gestación.
d) Hasta la 22.ª semana de gestación.

17. ¿Cómo se denomina la omisión planificada de los cuidados que facilita la muerte del paciente, que seguramente si estos se dieran prolongarían la vida del enfermo?

a) Distanasia.
b) Eutanasia activa.
c) Ortotanasia.
d) Eutanasia pasiva.

18. ¿Qué documento es necesario que se expida tras un óbito para acreditar de forma fehaciente el fallecimiento de su causante y se envía inmediatamente al Registro Civil?

a) Certificado de defunción.
b) Certificado de últimas voluntades.
c) Testamento vital.
d) Certificado de autopsia.

19. ¿Qué define la eutanasia pasiva según el contexto de la eutanasia?

a) Administración de medicamentos letales.
b) Retiro de soporte vital.
c) Aplicación de cuidados paliativos.
d) Todas las anteriores.

20. Según la ley, ¿cómo se debe certificar la muerte?

a) Testimonio de un familiar.
b) Diagnóstico de un médico.
c) Confirmación del cese irreversible de las funciones vitales.
d) Reporte policial.

En MADTEST tienes **105 preguntas más de este tema, comentadas y argumentadas**, y elaboradas por empleados de las Administraciones Públicas teniendo en cuenta los últimos exámenes oficiales. Logra tu plaza con MADTEST: Test de calidad.

¡Supera tus límites con MADTEST!

A continuación te presentamos algunos ejemplos de preguntas comentadas:

21. La primera formulación a nivel ético e importante la constituye:

a) El «Juramento Hipocrático».
b) El «Juramento Sardónico».
c) Reglas de Moralidad de la Junta Suprema de Sanidad Española.
d) Declaración de Ginebra.

Respuesta correcta: a) El «Juramento Hipocrático».

En el período clásico de la gran civilización griega sobresalió el arte de curar. Aunque seguía contemplando principios religiosos, la curación ya no estaba orientada por la magia, sino por lo clínico. En esa época se escribió el primer escrito ético relacionado con el compromiso que asumía la persona que decidía curar al prójimo; el compromiso del médico era actuar siempre en beneficio del ser humano, y no perjudicarlo. El contenido del juramento se ha adaptado a menudo a las circunstancias y conceptos éticos dominantes de cada sociedad. El Juramento hipocrático ha sido actualizado por la Declaración de Ginebra de 1948. También existe una versión, muy utilizada actualmente en facultades de Medicina de países anglosajones, redactada en 1964 por el doctor Louis Lasagna.

22. ¿Qué modalidad de ética es aquella que supone la comprensión de lo que define a una profesión y sus funciones, establece si esta profesión constituye o no nuestro absoluto profesional y adecua nuestro comportamiento según ese absoluto profesional elegido?

a) Ética laboral.
b) Ética profesional.
c) Ética personal.
d) Ética global.

Respuesta correcta: b) Ética profesional.

Esta modalidad de ética se enfoca en los valores, normas y comportamientos que son inherentes y específicos a una profesión determinada. Incluye la comprensión y el compromiso con las responsabilidades y funciones que definen a esa profesión, así como la adaptación del comportamiento individual a los estándares y expectativas profesionales aceptados. La ética profesional guía a los profesionales en la ejecución de sus actividades diarias asegurando que actúen de acuerdo con los principios éticos acordados dentro de su campo de trabajo.

23. ¿En qué documento normativo el sujeto debe expresar voluntariamente su intención de participar en el ensayo clínico, después de haber comprendido los objetivos del estudio, beneficios, incomodidades y riesgos previstos, alternativas posibles, derechos y responsabilidades?

a) De últimas voluntades.
b) De protección de datos.
c) De consentimiento informado.
d) De experimentación humana permitida.

Respuesta correcta: c) De consentimiento informado.

Consentimiento informado: la conformidad libre, voluntaria y consciente de un paciente, manifestada en el pleno uso de sus facultades después de recibir la información adecuada, para que tenga lugar una actuación que afecta a su salud.

24. ¿Cómo se denomina el acto clínico que consiste en el examen realizado sobre el cadáver de una persona fallecida a causa de enfermedad, que tiene como objetivo final la confirmación de las causas de la muerte?

a) Ortotanasia.
b) Autopsia clínica.
c) Autopsia médico-forense.
d) Distanasia.

Respuesta correcta: b) Autopsia clínica.

Autopsia clínica. Concepto: se puede definir como el conjunto de actos científico-técnicos que contribuyen en la investigación de muertes en las que las que el estudio clínico no ha sido suficiente para establecer el diagnóstico de la enfermedad causante.

25. ¿Qué documento es necesario para facilitar la prestación de ayuda para morir en ausencia de capacidad de consentimiento?

a) Testamento no vital.
b) Documento de voluntades anticipadas.
c) Contrato de seguro.
d) Declaración jurada.

Respuesta correcta: b) Documento de voluntades anticipadas.

Si un paciente no puede consentir y ha firmado previamente un documento de voluntades anticipadas, este documento facilita la prestación de ayuda para morir conforme a lo expresado.

Solución al test n.º 5

1. d) Agravio.

2. b) Prudencia.

3. b) Resolución del problema.

4. a) A un modelo para la toma ética de decisiones.

5. c) Ética profesional.

6. a) Enfermeros y TCAEs.

7. d) Relación empática.

8. d) Código de Nuremberg.

9. d) Se consigue mediante la confidencialidad y el consentimiento.

10. c) Acto amoral.

11. d) Principios de autonomía, beneficencia, no maleficencia y justicia.

12. b) Modelo paternalista.

13. a) Deliberativo.

14. c) El Estado no será el que velará para que se garantice la igualdad en el acceso a las prestaciones y servicios establecidos por el Sistema Nacional de Salud que inciden en el ámbito de aplicación de esta ley, ya que existen otros autores.

15. a) Que se practique por una matrona bajo la dirección de un médico de familia.

16. c) Hasta la 14.ª semana de gestación.

17. d) Eutanasia pasiva.

18. a) Certificado de defunción.

19. b) Retiro de soporte vital.

20. c) Confirmación del cese irreversible de las funciones vitales.

TEST N.º 6

Confidencialidad, consentimiento informado y derecho de la información

1. Está obligado a guardar secreto profesional:

a) El médico especialista.
b) El médico y el técnico especialista.
c) Todos los que intervengan en la acción sanitaria del paciente.
d) El médico, el técnico especialista, el enfermero y el TCAE.

2. El tiempo de vigencia del secreto profesional es hasta:

a) La duración de la relación con el paciente.
b) Toda la vida del paciente.
c) Los tres meses después de la relación con el paciente.
d) Incluso hasta después de la muerte del paciente.

3. ¿Qué condición es aquella que posee el secreto profesional del deber de guardar el hecho conocido cuando este pueda producir resultados nocivos o injustos sobre el paciente si se viola el mismo?

a) Condición moral.
b) Condición jurídica.
c) Condición legal.
d) Condición legítima.

4. ¿A quién obliga el secreto profesional a nivel de profesionales de la sanidad constituyentes de equipos o grupos de trabajo?

a) A los facultativos.
b) A los enfermeros.
c) A los auxiliares de enfermería.
d) A los profesionales integrantes del grupo de trabajo.

5. Cualquier menosprecio al secreto profesional será contrario a:

a) Los principios deontológicos de la práctica sanitaria.
b) Los principios éticos de la práctica sanitaria.
c) Los principios éticos y deontológicos de la práctica sanitaria.
d) Los principios éticos, deontológicos y legales de la práctica sanitaria.

6. La violación del secreto profesional puede ocasionar:

a) Exclusivamente responsabilidad civil.
b) Exclusivamente responsabilidad penal.
c) Responsabilidad civil y responsabilidad penal.
d) Responsabilidad profesional o estatutaria, responsabilidad civil y responsabilidad penal.

7. ¿Qué otro requisito de un contrato se requiere junto a los de la causa y el objeto del mismo?

a) Confidencialidad.
b) Protección de datos.
c) Consentimiento.
d) Son ciertas las respuestas a) y c).

8. ¿En qué contexto socioeconómico, sanitario y sociocultural se da el actual consentimiento informado?

a) Paternalista.
b) Bajo el principio de beneficencia.
c) Autonomía y capacidad de decisión del propio paciente.
d) Eugenésico y paternalista.

9. Los profesionales sanitarios no tienen el deber ético de:

a) Respetar del paciente su autonomía, su voluntad y sus decisiones.
b) Actuar con justicia y con discriminación.
c) Evitar el mal y buscar el bien de los pacientes.
d) De todo lo anterior.

10. ¿Cómo se actuará cuando debido a una situación de urgencia, no pueda obtenerse el consentimiento adecuado del afectado?

a) Se informará a la guardia civil del hecho.
b) Se informará a su médico de cabecera.
c) Se podrá proceder inmediatamente a cualquier intervención indispensable desde el punto de vista médico a favor de la salud de la persona afectada.
d) No se podrá hacer nada de lo anterior.

11. ¿Qué fundamento ético es aquel que exige que todas las personas sean tratadas con el mismo respeto y consideración en el orden social?

a) Justicia.
b) No maleficencia.
c) Autonomía.
d) Beneficencia.

12. El consentimiento informado (aceptación):

a) Culmina siempre con la aceptación del paciente a un procedimiento diagnóstico o terapéutico.
b) Culmina con la aceptación/negación del paciente a un procedimiento diagnóstico o terapéutico.
c) Se contempla como un proceso de transmisión de responsabilidades hacia el paciente.
d) Debe constar siempre por escrito.

13. Si un paciente se niega a firmar el Consentimiento Informado:

a) El médico especialista tiene el deber de ejercer la presión necesaria para que cambie de opinión, ya que es lo mejor para su salud.
b) Se le debe instar a firmar su "no autorización" y el alta voluntaria.
c) El enfermo tiene la obligación de revelar por escrito las causas que le llevan a tomar esta decisión.
d) El enfermo no puede negarse, bajo ningún concepto.

14. El derecho de toda persona a que se respete el carácter confidencial de los datos referentes a su salud, se trata del derecho a:

a) La salud.
b) La intimidad.
c) La autonomía.
d) La vida.

15. Según normativa, ¿quién es el titular de derecho a la información asistencial?

a) Exclusivamente el paciente.
b) El paciente y sus familiares.
c) El paciente, sus familiares y si lo hubiese el tutor legal o responsable.
d) El paciente y su cónyuge exclusivamente.

16. Indica la respuesta correcta:

a) Toda persona tiene derecho a que se respete su voluntad de no ser informada.
b) La información, que como regla general, se proporcionará por escrito.
c) Ambas son correctas.
d) El derecho a la información asistencial, se regula en el artículo 5 de la Ley 41/2002.

17. La información comprende como mínimo:

a) La finalidad de cada intervención.
b) La naturaleza de cada intervención.
c) Sus riesgos y consecuencias.
d) Todas son correctas.

18. La información clínica será, según indica el artículo 4 de la Ley 41/2002:

a) Breve.
b) Coherente.
c) Adecuada a sus necesidades.
d) Ninguna es correcta.

19. La finalidad de la información clínica es:

a) Dar asistencia sanitaria.
b) Ayudar a tomar una decisión de acuerdo con su propia y libre voluntad.
c) Garantizar el derecho a la información.
d) Cumplir con la obligación establecida.

20. Los pacientes tienen derecho a conocer, con motivo de cualquier actuación en el ámbito de su salud, toda la información disponible sobre la misma:

a) Siempre.
b) Salvando los supuestos exceptuados por la ley.
c) Salvo excepciones establecidas reglamentariamente.
d) Salvo por razones de interés público.

En MADTEST tienes **126 preguntas más de este tema, comentadas y argumentadas**, y constantemente actualizadas con los últimos cambios legislativos. Con MADTEST, estás siempre actualizado.

¡Supera tus límites con MADTEST!

A continuación te presentamos algunos ejemplos de preguntas comentadas:

21. ¿A qué se denomina, desde un punto de vista jurídico (Código Civil) la conformidad de voluntades entre los contrarios, o sea, entre la oferta y su aceptación?

a) Consentimiento.
b) Corresponsabilidad.
c) Confidencialidad.
d) Confianza.

Respuesta correcta: a) Consentimiento.
Se conoce como consentimiento al acto y resultado de consentir (es decir, aprobar la concreción de algo, condescender, tener por cierto algo, otorgar, permitir, etc.). La idea de consentimiento, de acuerdo al significado del término, implica admitir, tolerar o soportar una determinada condición.

22. ¿En qué ley española se define el consentimiento informado como *la confor-midad libre, voluntaria y consciente de un paciente, manifestada en el pleno uso de sus facultades después de recibir la información adecuada, para que tenga lugar una actuación que afecta a su salud*?

a) Ley de Prevención de Riesgos Laborales.
b) Ley de Autonomía del paciente.
c) Ley de garantías y uso racional de los medicamentos y productos sanitarios.
d) Ley de Protección de datos.

Respuesta correcta: b) Ley de Autonomía del paciente.
Ley 41/2002, de 14 de noviembre, básica reguladora de la autonomía del paciente y de derechos y obligaciones en materia de información y documentación clínica.
Capítulo I. Principios generales.
Artículo 3. Las definiciones legales.
Consentimiento informado: la conformidad libre, voluntaria y consciente de un pa-ciente, manifestada en el pleno uso de sus facultades después de recibir la informa-ción adecuada, para que tenga lugar una actuación que afecta a su salud.

23. ¿Cómo se informará asistencialmente como norma general?

a) Por mail.
b) Por escrito reglado.
c) Verbalmente.
d) Por escrito no reglado.

Respuesta correcta: c) Verbalmente.
Ley 41/2002, de 14 de noviembre, básica reguladora de la autonomía del paciente y de derechos y obligaciones en materia de información y documentación clínica.
Capítulo IV. El respeto de la autonomía del paciente.
Artículo 8. Consentimiento informado.
2. El consentimiento será verbal por regla general. Sin embargo, se prestará por es-crito en los casos siguientes: intervención quirúrgica, procedimientos diagnósticos y terapéuticos invasores y, en general, aplicación de procedimientos que suponen riesgos o inconvenientes de notoria y previsible repercusión negativa sobre la salud del paciente.

24. La obligación permanente de silencio que contrae cualquier profesional sanitario respecto a todo lo sabido o intuido sobre una o más personas en el transcurso de su relación profesional se llama:

a) Consentimiento informado.
b) Secreto profesional.
c) Incompatibilidad.
d) *Habeas corpus*.

Respuesta correcta: b) Secreto profesional.
Se entiende por sigilo o secreto profesional "la obligación permanente de silencio que contrae el médico y el equipo de salud, en el transcurso de cualquier relación profesional, respecto a todo lo sabido o intuido sobre un paciente".

25. ¿A quién le corresponde garantizar el cumplimiento del derecho a la información?

a) Únicamente el médico responsable.
b) Los familiares.
c) El representante legal.
d) El médico responsable o los profesionales que atienden durante el proceso asistencial o apliquen técnicas o procedimientos concretos.

Respuesta correcta: d) El médico responsable o los profesionales que atienden durante el proceso asistencial o apliquen técnicas o procedimientos concretos.
Ley 41/2002, de 14 de noviembre, básica reguladora de la autonomía del paciente y de derechos y obligaciones en materia de información y documentación clínica, artículo 4.3: "3. El médico responsable del paciente le garantiza el cumplimiento de su derecho a la información. Los profesionales que le atiendan durante el proceso asistencial o le apliquen una técnica o un procedimiento concreto también serán responsables de informarle".

Solución al test n.º 6

1. c) Todos los que intervengan en la acción sanitaria del paciente.

2. d) Incluso hasta después de la muerte del paciente.

3. a) Condición moral.

4. d) A los profesionales integrantes del grupo de trabajo.

5. d) Los principios éticos, deontológicos y legales de la práctica sanitaria.

6. d) Responsabilidad profesional o estatutaria, responsabilidad civil y responsabilidad penal.

7. c) Consentimiento.

8. c) Autonomía y capacidad de decisión del propio paciente.

9. b) Actuar con justicia y con discriminación.

10. c) Se podrá proceder inmediatamente a cualquier intervención indispensable desde el punto de vista médico a favor de la salud de la persona afectada.

11. a) Justicia.

12. b) Culmina con la aceptación/negación del paciente a un procedimiento diagnóstico o terapéutico.

13. b) Se le debe instar a firmar su "no autorización" y el alta voluntaria.

14. b) La intimidad.

15. a) Exclusivamente el paciente.

16. a) Toda persona tiene derecho a que se respete su voluntad de no ser informada.

17. d) Todas son correctas.

18. c) Adecuada a sus necesidades.

19. b) Ayudar a tomar una decisión de acuerdo con su propia y libre voluntad.

20. b) Salvando los supuestos exceptuados por la ley.

Evolución histórica de la enfermería. Concepto de enfermería; modelos y principales teóricas. Proceso de atención de enfermería (PAE). Funciones del Técnico en cuidados auxiliares de enfermería

1. ¿Qué autora de estas realiza el modelo teórico de Enfermería del Autocuidado?

a) Dorothea E. Orem.
b) Virginia Henderson.
c) Florence Nightingale.
d) Laura Travelbee.

2. ¿En qué se basa el modelo de Enfermería de Virginia Henderson?

a) En la interacción de las personas mediante la comunicación.
b) En las necesidades básicas humanas.
c) En la capacidad de autocuidados del individuo.
d) En la suplencia como ayuda.

3. ¿Quién es la figura más representativa en Enfermería del modelo de suplencia o ayuda?

a) Virginia Henderson.
b) Callista Roy.
c) Nancy Roper.
d) Florence Nightingale.

4. La fuente de dificultades por parte del paciente que puedan surgir en este modelo de autocuidados (según Dorothea E. Orem), son:

a) Los bloqueos inducidos.
b) Las interferencias.
c) Los bloqueos no inducidos.
d) La desorientación.

5. ¿En qué áreas ha sido particularmente influyente la "Teoría del Confort" de Katharine Kolcaba?

a) Educación en enfermería.
b) Cuidado paliativo.
c) Gestión hospitalaria.
d) Ética médica.

6. ¿En qué se enfoca Cynda Hylton Rushton en su trabajo sobre ética de la enfermería?

a) Dilemas éticos y cuidado en situaciones de alto estrés.
b) Técnicas de intervención rápida.
c) Administración de recursos humanos.
d) Desarrollo de políticas de salud.

7. ¿Qué adjetivo no es correcto del proceso de atención de Enfermería?

a) Lógico y ordenado.
b) Estático.
c) Sistemático.
d) Flexible.

8. ¿Qué dato de los recogidos durante el proceso de atención de enfermería no es objetivo?

a) Diuresis.
b) Respiración/minuto.
c) Agotamiento personal.
d) Dismetría medible corporal.

9. ¿Qué afirmación no es correcta de las características del diagnóstico enfermero?

a) Proporciona un marco de referencia común que facilita la comunicación entre los profesionales.
b) Aborda la salud de las personas desde un punto de vista integral.
c) No se apoya en datos empíricos, aunque sí en datos contrastables.
d) Es un proceso dinámico en su aplicación, flexible y abierto en el tiempo.

10. ¿En qué tipo de diagnóstico enfermero hay que actuar con rapidez, eliminando los factores de riesgo?

a) Diagnóstico de bienestar.
b) Diagnóstico potencial.
c) Diagnóstico real.
d) Diagnóstico absoluto.

11. ¿Qué formato debe seguir (según la NANDA) el procedimiento de elaboración de un diagnóstico de enfermería?

a) El formato RAS.
b) El formato DIR.
c) El formato PES.
d) El formato ARD.

12. ¿Cuál es el orden lógico de las etapas del proceso de atención de enfermería?

a) Valoración, planificación, diagnóstico, ejecución y evaluación.
b) Valoración, ejecución, evaluación, diagnóstico y planificación.
c) Valoración, diagnóstico, planificación, ejecución y evaluación.
d) Ejecución, diagnóstico, planificación, evaluación y valoración.

13. ¿De quién obtendremos más datos del paciente a la hora de recabar los mismos para una adecuada valoración en el proceso de atención de enfermería?

a) De su familia.
b) Del propio paciente.
c) De Psicólogos.
d) De auxiliares de Enfermería.

14. ¿Cuál es el pico o vértice de la pirámide de Maslow en la estructura jerárquica de necesidades?

a) Necesidad de autorrealización.
b) Necesidad de estima.
c) Necesidad de seguridad.
d) Necesidad de integración.

15. ¿Cuántos Dominios totales constituye el primer nivel de la taxonomía II NANDA?

a) 3.
b) 8.
c) 13.
d) 25.

16. ¿Con qué acrónimo se conoce la clasificación de Intervenciones de Enfermería?

a) NIC.
b) NOC.
c) NANDA.
d) CIE.

17. ¿Qué es el lenguaje NOC en Enfermería?

a) Una clasificación de resultados de la actividad enfermera.
b) Una clasificación de intervención de Enfermería.

c) Una clasificación de diagnóstico de Enfermería.
d) Nada de lo anterior es cierto.

18. ¿Dónde se regulan las funciones de los Técnicos en Cuidados Auxiliares de Enfermería?

a) En el Estatuto de Personal Sanitario no Facultativo de las Instituciones Sanitarias de la Seguridad Social.
b) En el Estatuto de Personal Sanitario Facultativo de las Instituciones Sanitarias de la Seguridad Social.
c) En el Estatuto de Personal no Sanitario de las Instituciones Sanitarias de la Seguridad Social.
d) En el Estatuto de Personal Subalterno de las Instituciones Sanitarias de la Seguridad Social.

19. ¿En qué normativa se recogen las funciones de los Auxiliares de Enfermería en los equipos de Atención Primaria?

a) En la Ley 55/2003, de 16 de diciembre, sobre el Estatuto Marco del Personal Estatutario.
b) En el Real Decreto 137/84 sobre estructuras básicas de Salud.
c) En el Real Decreto 1393/2007, de 29 de octubre, por el que se establece la ordenación de las enseñanzas no universitarias oficiales.
d) En el Decreto 546/1995, donde se establece el currículo formativo del TCAE.

20. ¿Cuál de las siguientes teorías enfatiza la importancia de la experiencia y el crecimiento personal en el desarrollo de habilidades en enfermería, según Patricia Benner?

a) Teoría del entorno.
b) De novato a experto.
c) Teoría del autocuidado.
d) Teoría del cuidado humano.

En MADTEST tienes **120 preguntas más de este tema, comentadas y argumentadas**, y elaboradas por empleados de las Administraciones Públicas teniendo en cuenta los últimos exámenes oficiales. Logra tu plaza con MADTEST: Test de calidad.

¡Supera tus límites con MADTEST!

A continuación te presentamos algunos ejemplos de preguntas comentadas:

21. ¿Cuántos años posee el actual grado de formación de Enfermería?

a) 3 años.
b) 4 años.

c) 5 años.
d) 6 años.

Respuesta correcta: b) 4 años.

El Grado en Enfermería es la titulación que se obtiene una vez finalizados los estudios universitarios y cuya duración es de cuatro años y 240 ECTS (European Credit Transfer System o Sistema Europeo de Transferencia de Créditos) distribuidos en cuatro cursos, siendo imprescindible elaborar y defender públicamente un Trabajo de Fin de Grado al concluir los estudios de Grado en Enfermería.

22. ¿Qué es la representación esquemática de la realidad?

a) Una teoría.
b) Un modelo.
c) Un axioma.
d) Una fantasía.

Respuesta correcta: b) Un modelo.

Un **modelo científico** es una representación abstracta, conceptual, gráfica o visual, física de fenómenos, sistemas o procesos a fin de analizar, describir, explicar, simular (en general, explorar, controlar y predecir) esos fenómenos o procesos. Un modelo permite determinar un resultado final a partir de unos datos de entrada. Se considera que la creación de un modelo es una parte esencial de toda actividad científica.

23. ¿Qué modelo de Enfermería está basado en la relación enfermera-paciente y se refiere a todo contacto en el que dos personas ejercen una influencia mutua por medio de la comunicación?

a) Modelo ecológico.
b) Modelo interaccionista.
c) Modelo de autocuidados.
d) Modelo de sistemas.

Respuesta correcta: b) Modelo interaccionista.

Modelo de interacción: el foco primario está en la persona como participante activo en el proceso de salud. El principal objetivo es conseguir logros determinados mediante la interacción recíproca (Orlando, King, Peplau, Riehl).

24. ¿Cómo se denomina la modalidad de diagnóstico enfermero donde no se detectan de momento problemas de salud, lo cual no quiere decir que no existan necesidades de aprendizaje y cambio de hábitos para mantener y fomentar el estado de salud integral?

a) Diagnóstico de bienestar.
b) Diagnóstico potencial.

c) Diagnóstico real.
d) Diagnóstico absoluto.

Respuesta correcta: a) Diagnóstico de bienestar.

Diagnóstico de bienestar. No se detectan de momento problemas de salud, lo cual no quiere decir que no existan necesidades de aprendizaje y cambio de hábitos para mantener y fomentar el estado de salud integral.
Las actuaciones de enfermería van dirigidas a la promoción y prevención de salud.

25. ¿Qué modalidad o forma de realización de evaluación (PAE) emplearemos si se usan criterios previamente establecidos, tratando de evidenciar el nivel de calidad del PE y ayudándonos para su desarrollo los registros de Enfermería?

a) Evaluaciones protocolizadas.
b) Evaluaciones de observación diaria.
c) Evaluaciones de observación semanal.
d) Auditorías.

Respuesta correcta: d) Auditorías.

Auditorías. Es otra forma de evaluación que, mediante criterios previamente establecidos, trata de evidenciar el nivel de calidad del PE. Utiliza para su desarrollo los registros de Enfermería.

Solución al test n.º 7

1. a) Dorothea E. Orem.

2. b) En las necesidades básicas humanas.

3. a) Virginia Henderson.

4. b) Las interferencias.

5. b) Cuidado paliativo.

6. a) Dilemas éticos y cuidado en situaciones de alto estrés.

7. b) Estático.

8. c) Agotamiento personal.

9. c) No se apoya en datos empíricos, aunque sí en datos contrastables.

10. b) Diagnóstico potencial.

11. c) El formato PES.

12. c) Valoración, diagnóstico, planificación, ejecución y evaluación.

13. b) Del propio paciente.

14. a) Necesidad de autorrealización.

15. c) 13.

16. a) NIC.

17. a) Una clasificación de resultados de la actividad enfermera.

18. a) En el Estatuto de Personal Sanitario no Facultativo de las Instituciones Sanitarias de la Seguridad Social.

19. b) En el Real Decreto 137/84 sobre estructuras básicas de Salud.

20. b) De novato a experto.

TEST N.º 8

Entorno del paciente. Procedimientos de preparación de las camas. Papel del TCAE en el ingreso

1. La temperatura de las habitaciones del hospital debe oscilar entre:

a) 16-18 ºC.
b) 20-22 ºC.
c) 26-28 ºC.
d) 30-32 ºC.

2. ¿Qué mobiliario de la habitación del paciente no es imprescindible?

a) Mesita de noche y armario.
b) Cama.
c) Sofá pequeño.
d) Silla y/o sillón.

3. ¿En cuántos segmentos móviles se divide el somier metálico de la cama articulada?

a) En 2.
b) En 3.
c) En 4.
d) No tiene divisiones.

4. La cama articulada de somier rígido impide al paciente colocarlo en la posición de:

a) Decúbito supino.
b) Decúbito prono.
c) Decúbito lateral.
d) Fowler.

5. El marco triangular de Balkan lo posee la cama:

a) Ortopédica de Judet.
b) Bouchat.
c) De levitación.
d) Electrocircular o de Striker.

6. El denominado potro se emplea para:

a) Encamar a quemados.
b) Exploración ginecológica.
c) Encamar a pacientes con UPP.
d) Encamar a enfermos con grandes traumatismos.

7. El armazón para el volteo Foster se emplea:

a) Para facilitar al paciente la respiración.
b) Para el cambio postural.
c) Evitar infecciones micóticas.
d) Para liberar de estrés al paciente.

8. ¿De qué otra cama es variante la cama libro?

a) De la cama de levitación.
b) De la cama de exploración o potro ginecológico.
c) De la cama articulada.
d) De la cama Striker.

9. La cama roto-rest se emplea en:

a) Prevención de infecciones en general.
b) Prevención de infecciones en quemados.
c) Inmovilización de pacientes.
d) Prevención de úlceras por presión (UPP).

10. ¿Qué dispositivo o accesorio de la cama hospitalaria es aquel que se coloca sobre el enfermo para que la ropa de la cama descanse sobre él y evitar al paciente el peso de la misma?

a) Férula de acero.
b) Centinelas de cama.
c) Pupitre.
d) Soporte.

11. ¿Cuál de estos elementos es el primero en el orden de lencería?

a) Hule.
b) Entremetida.
c) Manta.
d) Colcha.

12. ¿Qué número de TCAE es recomendable para la técnica de hacer la cama ocupada?

a) Ninguno, ya que se encarga el celador.
b) Uno.
c) Dos.
d) Tres.

13. ¿Qué elementos de estos no puede haber en una cama quirúrgica?

a) Hule o protector.
b) Entremetida.
c) Colchón.
d) Almohada.

14. ¿Cómo se puede abrir la cama quirúrgica, una vez que se lleva a cabo una especie de embozo o dobladillo a los pies de la misma, para la recepción del enfermo?

a) En triángulo o pico.
b) En derrape o arrastre.
c) En tracción anterior.
d) Son ciertas las respuestas a) y c).

15. Para realizar una valoración funcional de las actividades básicas de la vida diaria utilizamos la escala de:

a) Hamilton.
b) Foster.
c) Pfeiffer.
d) Barthel.

16. ¿Qué innovación en las camas hospitalarias facilita la monitorización continua de los pacientes?

a) Tecnología de ajuste automático.
b) Interfaces de control para dispositivos electrónicos.
c) Capacidades de telemetría para monitorear signos vitales en tiempo real.
d) Materiales antimicrobianos integrados.

17. La habitación del paciente debe estar iluminada:

a) Por luces de bajo consumo localizadas en la cabecera de la cama.
b) Por luz natural en la medida de lo posible.
c) Por luces artificiales localizadas en la entrada de la habitación.
d) Ninguna es cierta.

18. Las habitaciones de los enfermos:

a) Deben estar pintadas con colores brillantes y claros.
b) Deben estar pintadas con paisajes que ofrezcan tranquilidad a los enfermos.
c) Deben estar pintadas con colores claros y sin brillo.
d) No importa el color de la pared, sólo del techo.

19. Los límites de humedad aceptables en la habitación de un paciente oscilan entre:

a) 20-30%.
b) 30-40%.
c) 40-60%.
d) Ninguna es cierta.

20. ¿Cuál de las siguientes no es una característica de las camas de hospital?

a) Se mueven fácilmente, para ello están provistas de un sistema de ruedas y frenado de las mismas.
b) Los colchones son generalmente blandos.
c) Están constituidas de forma que el personal que atiende a los enfermos llegue fácilmente a ellas.
d) Están equipadas para que el enfermo ahorre energía.

En MADTEST tienes **107 preguntas más de este tema, comentadas y argumentadas**, y elaboradas por empleados de las Administraciones Públicas teniendo en cuenta los últimos exámenes oficiales. Logra tu plaza con MADTEST: Test de calidad.

¡Supera tus límites con MADTEST!

A continuación te presentamos algunos ejemplos de preguntas comentadas:

21. ¿Cuál de lo indicado a continuación no se considera un requisito de calidad en la unidad del paciente?

a) Que sea confortable la habitación.
b) Que tenga seguridad, para evitar accidentes.

c) Que posea condiciones ambientales favorables.
d) Que haya en ella escasa privacidad, para vigilar mejor al paciente.

Respuesta correcta: d) Que haya en ella escasa privacidad, para vigilar mejor al paciente.

Entre los requisitos de calidad que debe cumplir la unidad se encuentran las condiciones ambientales favorables (temperatura, humedad, etc.), unas correctas medidas de seguridad (agarraderas en el baño, barandillas, suelo antideslizante, etc.) y debe proporcionar confort e intimidad (debe constituir su espacio).

22. La altura de los techos mínima (en cm) de la habitación del paciente debe ser:

a) 220.
b) 250.
c) 270.
d) 285.

Respuesta correcta: b) 250.

– En las habitaciones de dos o más camas debe existir el espacio suficiente entre cada dos, siendo el mínimo espacio aconsejado de 1,20 m.
– Entre la cama y la pared lateral también debe existir un mínimo de 1,10 m.
La altura mínima de los techos debe ser de 2,50 m.

23. ¿Qué pieza o elemento se ubica entre la sábana bajera y la entremetida?

a) Sábana encimera.
b) Cubierta colchón.
c) Hule.
d) Colcha.

Respuesta correcta: c) Hule.

Hule impermeable. Su ubicación es entre la sábana bajera y la entremetida. Su finalidad es la de proteger. Son de material de plástico por lo que aumenta la incomodidad del paciente, y se pueden sustituir por pañales de celulosa desechables.

24. ¿Cuál de las siguientes no es una de las características mínimas que debe reunir la habitación del enfermo?

a) Pintura en tonalidades claras.
b) Luz directa del sol.
c) Cuarto de baño interior.
d) Sin ventilación para evitar la entrada de gérmenes del exterior.

Respuesta correcta: d) Sin ventilación para evitar la entrada de gérmenes del exterior.

Contrario a ló que sugiere esta opción, una adecuada ventilación es esencial en las habitaciones de hospital para asegurar un ambiente saludable y para ayudar a controlar y reducir la concentración de patógenos en el aire. Una habitación sin ventilación adecuada puede promover la proliferación de gérmenes y aumentar el riesgo de infecciones hospitalarias. Las otras opciones, como la pintura en tonalidades claras, luz directa del sol, y cuarto de baño interior, son características deseables en una habitación de hospital, ya que contribuyen al bienestar y comodidad del paciente.

25. Una vez instalada en la habitación, la cama del enfermo debe:

a) Ser accesible desde tres lados.
b) Estar colocada frente a una fuente de luz.
c) Encontrarse debajo de la ventana.
d) Encontrarse pegada a la puerta.

Respuesta correcta: a) Ser accesible desde tres lados.

Esta disposición permite al personal médico y de enfermería acceder fácilmente al paciente desde varios ángulos, facilitando así la atención y los procedimientos médicos. También ayuda en el caso de emergencias y proporciona mayor comodidad y seguridad tanto para el paciente como para los cuidadores al realizar cambios de posición, exámenes médicos y tratamientos varios. Acceder desde tres lados es particularmente útil en entornos hospitalarios donde la eficiencia y la seguridad son primordiales.

Solución al test n.º 8

1. b) 20-22 ºC.

2. c) Sofá pequeño.

3. b) En 3.

4. d) Fowler.

5. a) Ortopédica de Judet.

6. b) Exploración ginecológica.

7. b) Para el cambio postural.

8. c) De la cama articulada.

9. b) Prevención de infecciones en quemados.

10. a) Férula de acero.

11. a) Hule.

12. c) Dos.

13. d) Almohada.

14. a) En triángulo o pico.

15. d) Barthel.

16. c) Capacidades de telemetría para monitorear signos vitales en tiempo real.

17. b) Por luz natural en la medida de lo posible.

18. c) Deben estar pintadas con colores claros y sin brillo.

19. c) 40-60%.

20. b) Los colchones son generalmente blandos.

TEST N.º 9

Almacenamiento y control de existencias de un almacén, normativa de conservación y mantenimiento de productos o materiales

1. Los estupefacientes llevan impreso en la caja que los guarda un círculo de color:

a) Blanco.
b) Azul.
c) Rojo.
d) Negro.

2. ¿Mediante qué controles se pretende conocer las existencias reales de material almacenable, a fin de evitar las situaciones de desabastecimiento del almacén, así como los excesos de determinado tipo de material o las posibles caducidades u obsolescencias?

a) De stock.
b) De albaranes.
c) De mercancías de entrada.
d) De mercancías de salida.

3. ¿Cómo se denomina al conjunto de operaciones que se llevan a cabo para conocer las cantidades existentes en el almacén de cada producto en un momento determinado?

a) Ficha de almacén.
b) Inventario.
c) Suministro.
d) Ficha de control de almacén y servicios.

4. ¿Qué dato de los que se nombran es exclusivo del listado B del inventario rotatorio al tratarse informáticamente?

a) Denominación de cada artículo.
b) La cantidad registrada informáticamente por cada artículo.

c) Código de cada artículo.
d) No hay ninguno exclusivo, son todos los anteriores.

5. ¿Qué porcentaje de clientes absorben el 80 % del gasto sanitario (Pareto)?

a) 10 %.
b) 20 %.
c) 30 %.
d) 50 %.

6. ¿Cómo se denomina los pequeños inventarios realizados sobre un número pequeño de artículos diversos de los considerados almacenables, que sirven como muestras de la situación inventariable del almacén sobre las cantidades existentes y sus caducidades?

a) Microinventarios.
b) Inventarios aleatorios.
c) Inventarios rotatorios.
d) Inventarios tradicionales.

7. Al consumirse el total del stock de un artículo pasa a la planilla de material:

a) Almacenable.
b) Inventariable.
c) Específico.
d) Inespecífico.

8. ¿Cuándo suele efectuarse el inventario anual?

a) A primeros de año.
b) Inicio de la primavera.
c) En verano.
d) Al final del ejercicio económico oficial.

9. El almacén de farmacia pertenece a los almacenes de:

a) Materiales de uso relacionado directamente con los enfermos.
b) Materiales de terapias.
c) Materiales para el funcionamiento del centro sanitario.
d) Materiales de diagnóstico.

10. ¿Qué simbología del código de barras es de las más empleadas a nivel internacional como símbolo de número de artículo?

a) ASCII.
b) EAN.

c) RIN.
d) RAN.

11. Todo lo que se expone sobre los códigos de barras es cierto, excepto:

a) Son sencillamente unas etiquetas con un número determinado de barras negras inscritas en ellas.
b) Cada barra tiene la posibilidad de representar un dígito particular de acuerdo con su posición en el código total.
c) Si el dígito está representado la barra es ancha; si el dígito no está presente la barra es fina.
d) Representan datos en una forma legible a simple vista y nunca por las máquinas.

12. ¿Quiénes llevan a cabo el control y vigilancia de la seguridad de los trabajadores en los almacenes farmacéuticos?

a) Mediante contratación de empresa externa especializada.
b) Mediante personal de la propia empresa con formación sobre prevención de riesgos laborales homologada.
c) Mediante una empresa externa especializada o/y personal de la propia empresa con formación sobre prevención de riesgos laborales homologada.
d) Nada de lo anterior es cierto.

13. ¿Qué normativa española regula la protección de la salud de los trabajadores frente a los riesgos derivados de las condiciones de trabajo?

a) Ley 31/1995.
b) Real Decreto 231/2010.
c) Ley 22/1999.
d) Real Decreto 125/2001.

14. La zona de almacén de medicamentos tendrá que estar directamente comunicada con la zona:

a) Esterilizada de la Oficina.
b) No esterilizada de la Oficina.
c) De almacenamiento intermedio de la Oficina.
d) De registro, preparación y dispensación de las órdenes médicas.

15. ¿Qué propiedades se ven alteradas en un producto cuando puede afectarse en el mismo la esterilidad o la resistencia al crecimiento bacteriano?

a) Las propiedades toxicológicas.
b) Las propiedades terapéuticas.
c) Las propiedades microbiológicas.
d) Las propiedades químicas.

16. Los productos almacenados que deban mantenerse entre 2 y 8 °C tendrán que:

a) Estar en congelación normal.
b) Estar en congelación potente.
c) Estar en refrigeración pero sin congelar.
d) Estar sin refrigeración.

17. ¿Qué informaciones de estas no se recogen en las fichas de almacén de un determinado producto?

a) Precio total de compra por unidad.
b) Número de lote.
c) Número unidades por volumen total.
d) Fecha de salida del almacén.

18. ¿Qué acrónimo se usa del término que se define como la suma de los precios por las cantidades, dividido entre la suma de las cantidades?

a) PMP.
b) LIFO.
c) FIFO.
d) RIFO.

19. ¿Cuál es el criterio o método que contempla que la valoración de las salidas del almacén se hace teniendo en cuenta que la primera unidad que sale es la que entró la última?

a) FIFO.
b) RIFO.
c) MIFO.
d) LIFO.

20. ¿En qué situación es más adecuado usar el método LIFO en un almacén sanitario?

a) Cuando los productos no tienen fecha de caducidad.
b) Cuando se trata de equipos de uso prolongado sin requerimientos específicos de rotación.
c) Cuando es importante utilizar primero los productos más recientes para probar su efectividad.
d) Nunca es adecuado en un ambiente sanitario debido a la necesidad de controlar las fechas de caducidad.

En MADTEST tienes **136 preguntas más de este tema, comentadas y argumentadas**, y elaboradas por empleados de las Administraciones Públicas teniendo en cuenta los últimos exámenes oficiales. Logra tu plaza con MADTEST: Test de calidad.

¡Supera tus límites con MADTEST!

A continuación te presentamos algunos ejemplos de preguntas comentadas:

21. ¿Qué se puede definir como conjunto de mercancías acumuladas en espera de ser utilizadas en un tiempo relativamente corto?

a) Almacén.
b) Suministro.
c) Stock.
d) Activos.

Respuesta correcta: c) Stock.

Stock es un término de la lengua inglesa que se refiere a la **cantidad de bienes o productos** que dispone una organización o un individuo en un determinado momento para el cumplimiento de ciertos objetivos en un tiempo relativamente corto.

22. ¿De qué NO dependerá la periodicidad del inventario rotatorio?

a) Dependerá de la carga de trabajo de su personal.
b) Dependerá del número de artículos almacenados.
c) Dependerá de las condiciones del almacén.
d) Dependerá de la hora a la que se lleve a cabo.

Respuesta correcta: d) Dependerá de la hora a la que se lleve a cabo.

Los inventarios rotatorios son pequeños inventarios realizados sobre un número pequeño de artículos diversos de los considerados almacenables, que sirven como muestras de la situación inventariable del almacén sobre las cantidades existentes y sus caducidades.

La periodicidad de su realización, así como el número muestral de artículos al realizar el inventario, variará según las condiciones del almacén, el número de artículos almacenados, o las cargas de trabajo de su personal.

23. ¿Cuál de los siguientes niveles que tradicionalmente se aplican para la medición de las existencias en almacenes sanitarios se realiza por estimación subjetiva?

a) Ratio de rotación.
b) Nivel en unidades.

c) Tasa de cobertura.
d) Nivel de servicios.

Respuesta correcta: c) Tasa de cobertura.

La tasa de cobertura es un indicador subjetivo que responde a la siguiente formula:
Stock promedio / Demanda promedio = **Tasa de cobertura**

24. ¿Cuál de estos almacenes encaja como almacén de materiales para el funcionamiento del Centro Sanitario?

a) Almacén de material clínico fungible.
b) Almacén de papelería.
c) Almacén de lencería.
d) Almacén de farmacia.

Respuesta correcta: b) Almacén de papelería.

Almacenes de materiales para el funcionamiento del Centro Sanitario:
– Almacén de papelería.
– Almacén de mantenimiento.

25. ¿Con qué factor de almacenamiento se relaciona siempre el tiempo de conservación de un artículo?

a) Con la temperatura de almacenamiento.
b) Con la humedad de almacenamiento.
c) Con la ventilación del almacenamiento.
d) Con las características físico-químicas en el almacenamiento.

Respuesta correcta: a) Con la temperatura de almacenamiento.

El tiempo de conservación se determina siempre en relación con la temperatura de almacenamiento. Si los lotes de un producto tienen diferentes características de estabilidad, el tiempo de conservación propuesto deberá basarse en la estabilidad del menos estable, a menos que haya razones de peso para hacerlo de otra manera.

Solución al test n.º 9

1. d) Negro.

2. a) De stock.

3. b) Inventario.

4. b) La cantidad registrada informáticamente por cada artículo.

5. b) 20 %.

6. c) Inventarios rotatorios.

7. c) Específico.

8. d) Al final del ejercicio económico oficial.

9. a) Materiales de uso relacionado directamente con los enfermos.

10. b) EAN.

11. d) Representan datos en una forma legible a simple vista y nunca por las máquinas.

12. c) Mediante una empresa externa especializada o/y personal de la propia empresa con formación sobre prevención de riesgos laborales homologada.

13. a) Ley 31/1995.

14. d) De registro, preparación y dispensación de las órdenes médicas.

15. c) Las propiedades microbiológicas.

16. c) Estar en refrigeración pero sin congelar.

17. c) Número unidades por volumen total.

18. a) PMP.

19. d) LIFO.

20. d) Nunca es adecuado en un ambiente sanitario debido a la necesidad de controlar las fechas de caducidad.

TEST N.º 10

Sistemas de información sanitaria. Documentación sanitaria. Historia Clínica

1. ¿Cada cuánto tiempo generalmente se deben actualizar las órdenes de tratamientos?

a) Cada día.
b) Cada tres días.
c) Cada semana.
d) Cada mes.

2. ¿En qué hoja operatoria se hace constar las peticiones al banco de sangre, radiodiagnóstico, los envíos a anatomía patológica, etc.?

a) Hoja de enfermería.
b) Hoja de intervención quirúrgica.
c) Hoja de anestesia.
d) Hoja de diagnóstico.

3. En los registros de actividades y codificación a nivel sanitario, se podrá incluir los datos siguientes, excepto:

a) Código postal del domicilio habitual del paciente.
b) Número de Historia clínica del enfermo.
c) Orientación sexual del paciente.
d) Se podrá incluir todo.

4. El consumo de alcohol, como hábito tóxico, se debe expresar en la Historia Clínica como:

a) Centímetros cúbicos de alcohol al día.
b) Volumen total de etanol en una semana.
c) Gramos de etanol al día.
d) Masa total de alcohol en una semana.

5. ¿Dónde suele emplearse el orden alfabético en la ordenación de Historias Clínicas de pacientes?

a) En el medio rural.
b) En el medio urbano.
c) En países árabes.
d) En algunas Comunidades Autónomas, por considerarse algo tradicional.

6. Respecto al consentimiento informado como documento de la historia clínica, solo será exigible en la misma cuando:

a) Lo solicite el paciente o el representante legal.
b) Se trate de un proceso de hospitalización y lo solicite el médico.
c) Lo solicite el paciente (o el representante legal) y el médico.
d) Se trate de un proceso de hospitalización o así se disponga normativamente.

7. Un centro sanitario es:

a) El conjunto organizado de profesionales que realizan actividades y prestan servicios para cuidar la salud de los pacientes y usuarios.
b) El conjunto organizado de profesionales exclusivamente sanitarios, de instalaciones y de medios técnicos que realizan actividades y prestan servicios para cuidar la salud de los pacientes y usuarios.
c) El conjunto organizado de profesionales, instalaciones y medios técnicos que realiza actividades y presta servicios para cuidar la salud de los pacientes y usuarios.
d) El conjunto organizado de instalaciones y medios técnicos necesarios para realizar actividades y prestar servicios para cuidar la salud de los pacientes y usuarios.

8. ¿Cómo debe ser necesariamente el consentimiento informado de un paciente?

a) La conformidad libre, voluntaria e inconsciente (sin necesidad de estar en pleno uso de sus facultades).
b) La conformidad forzada, voluntaria e consciente o/e inconsciente (sin necesidad de estar en pleno uso de sus facultades).
c) La conformidad forzada, involuntaria y consciente (con necesidad de estar en pleno uso de sus facultades).
d) La conformidad libre, voluntaria y consciente (con necesidad de estar en pleno uso de sus facultades).

9. El acceso a la historia clínica con fines asistenciales corresponde a:

a) Los tribunales.
b) Los profesionales asistenciales del centro que realizan el diagnóstico o el tratamiento del paciente.

c) Los profesionales no asistenciales del centro que realizan el diagnóstico o el tratamiento del paciente.

d) Los profesionales asistenciales y no asistenciales del centro que realizan el diagnóstico o el tratamiento del paciente.

10. ¿Cuántos años como mínimo (contados desde la fecha del alta de cada proceso asistencial), los centros sanitarios tienen la obligación de conservar la documentación clínica en condiciones que garanticen su correcto mantenimiento y seguridad?

a) 2.
b) 5.
c) 10.
d) 25.

11. ¿Cuándo no puede ejercitarse el derecho al acceso del paciente a la documentación de la historia clínica?

a) Cuando quiera obtener los datos propios del paciente mediante copia de los que figuran en ella y por petición personal.

b) Cuando quiera obtener los datos propios del paciente mediante copia de los que figuran en ella y por petición por representación debidamente acreditada.

c) Cuando se produce perjuicio del derecho de los profesionales participantes en su elaboración, tanto sea por petición personal, o como por representación debidamente acreditada.

d) Se puede ejercitar en todos los casos antes mencionados.

12. ¿Quién no tendrá derecho a recibir el informe de alta del centro, servicio o establecimiento sanitario, una vez finalizado el proceso asistencial?

a) Paciente.
b) Familiar.
c) Amigo (con vínculos).
d) Amigo (conocido sin vínculos).

13. ¿Dónde queda almacenada la información clínica de un paciente, cuando junto con su historia clínica quedan almacenadas todas las historias del centro una vez que se han cerrado?

a) En un fichero.
b) En el archivo de consulta o de planta.
c) En el archivo central.
d) En el libro de Urgencias.

14. ¿Qué dato es incorrecto respecto a la cumplimentación de un documento clínico?

a) Llevarán en su encabezamiento el membrete del centro sanitario.
b) No siempre deberán llevar la firma del médico que hace la petición.
c) Solo deben estar impresos por una cara.
d) El tamaño de los impresos debe ser DIN A4.

15. ¿Qué artículo de la ley de Cohesión y Calidad del Sistema Nacional de Salud regula las tarjetas sanitarias individuales?

a) El artículo 17.
b) El artículo 26.
c) El artículo 42.
d) El artículo 57.

16. ¿Qué Real Decreto regula las tarjetas sanitarias individuales desarrollando lo que se indica en la ley de Cohesión y Calidad del Sistema Nacional de Salud?

a) Real Decreto 282/2010.
b) Real Decreto 183/2004.
c) Real Decreto 113/2002.
d) Real Decreto 138/1994.

17. ¿Cuál de estos datos no es considerado básico y esencial en las tarjetas individuales sanitarias de cualquier Comunidad Autónoma del territorio nacional?

a) Administración sanitaria emisora de la tarjeta, modalidad de la prestación farmacéutica, y apellidos y nombre del titular de la tarjeta.
b) Código de identificación personal asignado por la Administración sanitaria que emite la tarjeta.
c) Leyenda que informa de su validez en todo el Sistema Nacional de Salud: *esta tarjeta le permite el acceso a los servicios de todo el Sistema Nacional de Salud*.
d) Número de identificación sanitario europeo.

18. ¿Cuál es el período de validez con carácter general de la tarjeta sanitaria europea, desde la fecha de expedición?

a) 1 año.
b) 2 años.
c) 3 años.
d) 5 años.

19. ¿En qué se centra la historia de enfermería de atención primaria?

a) En las curas y demás técnicas que realiza el personal de enfermería a los distintos pacientes ingresados.

b) En los cuidados que hay que dispensar a la población relacionados, por ejemplo, con los programas específicos para crónicos, hipertensos, diabéticos, vacunaciones y educación sanitaria a los enfermos y a la población en general.

c) Es un documento en el que se describen las actividades que realizan las enfermeras en la asistencia domiciliaria.

d) Ninguna es correcta.

20. No es una función del archivo de historias clínicas:

a) Conservación de los documentos.

b) Acceso a la documentación.

c) Sistematización del archivo, información y educación.

d) Identificar y acreditar al usuario para acceder a los servicios sanitarios de la Seguridad Social.

En MADTEST tienes **120 preguntas más de este tema, comentadas y argumentadas**, y elaboradas por empleados de las Administraciones Públicas teniendo en cuenta los últimos exámenes oficiales. Logra tu plaza con MADTEST: Test de calidad.

¡Supera tus límites con MADTEST!

A continuación te presentamos algunos ejemplos de preguntas comentadas:

21. ¿Qué etapa del diseño de un sistema de información sanitaria es aquella que identifica los elementos que lo componen, relaciones entre ellos y los objetivos a alcanzar?

a) Identificación de los niveles de decisión.

b) Definición del sistema.

c) Definición de las funciones de sus elementos.

d) Identificación de los tipos de decisión.

Respuesta correcta: b) Definición del sistema.

Etapas del diseño de un sistema de información sanitaria:

a) Definición del Sistema: elementos que lo componen, relaciones entre ellos y objetivos.

b) Identificar niveles de decisión: central, provincial o Área o Zona Básica de Salud.

c) Identificar tipos de decisión: según la perspectiva de la función que cumplan o según el grado de estructuración.

d) Definir funciones de los elementos.

22. ¿Cuál es el documento que recoge los cuidados que hay que proporcionar a la población general y no necesariamente enfermos (vacunaciones), y/o aquellas actuaciones en programas específicos de prevención y seguimiento de enfermedades crónicas?

a) Historia médica.
b) Historia clínica.
c) Historia de enfermería.
d) Historia del paciente.

Respuesta correcta: c) Historia de enfermería.

La consulta directa que los diplomados de enfermería ofrecen a los pacientes en los Centros de Salud precisa de una Historia de Enfermería. Esta historia se centra en los planes de cuidados de enfermería que hay que dispensar a la población relacionados con, por ejemplo, los programas específicos para crónicos, hipertensos, diabéticos, vacunaciones y educación sanitaria a los enfermos y a la población en general.

23. ¿Cómo se denomina el documento emitido por el médico responsable en un centro sanitario al finalizar cada proceso asistencial de un paciente, que especifica los datos de este, un resumen de su historial clínico, la actividad asistencial prestada, el diagnóstico y las recomendaciones terapéuticas?

a) Certificado médico.
b) Informe de alta médica.
c) Informe de evaluación médica.
d) Consentimiento informado.

Respuesta correcta: b) Informe de alta médica.

Ley 41/2002, de 14 de noviembre, básica reguladora de la autonomía del paciente y de derechos y obligaciones en materia de información y documentación clínica.
Capítulo I. Principios generales.
Artículo 3. Las definiciones legales
Informe de alta médica: el documento emitido por el médico responsable en un centro sanitario al finalizar cada proceso asistencial de un paciente, que especifica los datos de éste, un resumen de su historial clínico, la actividad asistencial prestada, el diagnóstico y las recomendaciones terapéuticas.

24. Las tarjetas sanitarias individuales deberán adaptarse, a nivel de normalización:

a) A la que pueda establecerse para el conjunto de las Administraciones Públicas.
b) A la que pueda establecerse en el seno de la Unión Europea.
c) Exclusivamente a la que pueda establecerse en su propia Comunidad Autónoma.
d) A la que pueda establecerse para el conjunto de las Administraciones Públicas y en el seno de la Unión Europea.

Respuesta correcta: d) A la que pueda establecerse para el conjunto de las Administraciones Públicas y en el seno de la Unión Europea.

Ley 16/2003, de 28 de mayo, de cohesión y calidad del Sistema Nacional de Salud.
Capítulo V. Del sistema de información sanitaria.
Sección 2.ª Tarjeta sanitaria individual.
Artículo 57. La tarjeta sanitaria individual.
5. Las tarjetas sanitarias individuales deberán adaptarse, en su caso, a la normalización que pueda establecerse para el conjunto de las Administraciones públicas y en el seno de la Unión Europea.

25. Respecto a la orden de tratamiento, es falso que:

a) Incluye los tratamientos prescritos por los médicos, dosis, frecuencia de administración y tiempo de duración.
b) Se actualiza a diario.
c) Es el conjunto de reflexiones del médico responsable sobre la evolución del paciente, pruebas a realizar, alternativas de tratamiento, etc.
d) Según sea la evolución del paciente será necesario cambiar o no los tratamientos.

Respuesta correcta: c) Es el conjunto de reflexiones del médico responsable sobre la evolución del paciente, pruebas a realizar, alternativas de tratamiento, etc.

Orden de tratamiento. Se actualiza a diario. Incluye los tratamientos prescritos por los médicos, dosis, frecuencia de administración y tiempo de duración. Según sea la evolución del paciente será necesario cambiar los tratamientos o no, de ahí que este documento tenga que actualizarse a diario.

Solución al test n.º 10

1. a) Cada día.

2. a) Hoja de enfermería.

3. c) Orientación sexual del paciente.

4. c) Gramos de etanol al día.

5. a) En el medio rural.

6. d) Se trate de un proceso de hospitalización o así se disponga normativamente.

7. c) El conjunto organizado de profesionales, instalaciones y medios técnicos que realiza actividades y presta servicios para cuidar la salud de los pacientes y usuarios.

8. d) La conformidad libre, voluntaria y consciente (con necesidad de estar en pleno uso de sus facultades).

9. b) Los profesionales asistenciales del centro que realizan el diagnóstico o el tratamiento del paciente.

10. b) 5.

11. c) Cuando se produce perjuicio del derecho de los profesionales participantes en su elaboración, tanto sea por petición personal, o como por representación debidamente acreditada.

12. d) Amigo (conocido sin vínculos).

13. c) En el archivo central.

14. b) No siempre deberán llevar la firma del médico que hace la petición.

15. d) El artículo 57.

16. b) Real Decreto 183/2004.

17. d) Número de identificación sanitario europeo.

18. b) 2 años.

19. b) En los cuidados que hay que dispensar a la población relacionados, por ejemplo, con los programas específicos para crónicos, hipertensos, diabéticos, vacunaciones y educación sanitaria a los enfermos y a la población en general.

20. d) Identificar y acreditar al usuario para acceder a los servicios sanitarios de la Seguridad Social.

TEST N.º 11

Colaboración del Técnico en Cuidados Auxiliares de Enfermería en las exploraciones

1. ¿Cuál no consideras una razón para llevar a cabo una exploración médica?

a) Reconocimiento laboral y diagnóstico de una enfermedad.
b) Rendimiento físico y examen de aptitudes para acceder a determinadas funciones.
c) Exámenes rutinarios de control.
d) Estar sano y no existir causa que lo justifique.

2. ¿A qué grupos de personas se les realiza algún tipo de exploración médica, al entrar como candidatas de los programas de prevención y despistaje rápido de determinadas patologías?

a) Grupos de personas candidatas.
b) Grupos de personas enfermas.
c) Grupos de personas susceptibles.
d) Grupos de personas de riesgo.

3. ¿Qué tipo de exploración se realiza generalmente en la posición genupectoral?

a) Exploraciones de recto.
b) Exploraciones de mamas.
c) Exploraciones de zona anterior del abdomen y de tórax.
d) Son ciertas las respuestas b) y c).

4. ¿Qué útil se emplea para visualizar radiografías?

a) Estetoscopio.
b) Fibroscopio.
c) Negatoscopio.
d) Oftalmoscopio.

5. ¿Qué material de estos no se requiere para la exploración convencional médico-quirúrgica?

a) Cucharilla de legrado uterino.
b) Diapasón.
c) Compresas.
d) Torunda de algodón.

6. ¿Cómo se denomina aquella parte de la exploración física del paciente que consiste en la observación visual de las modificaciones o alteraciones que puedan apreciarse en la superficie corporal?

a) Palpación.
b) Percusión.
c) Auscultación.
d) Inspección.

7. ¿Qué procedimiento físico a nivel de exploración médica es aquel que consiste en la aplicación del oído sobre la superficie del cuerpo del paciente, para oír los ruidos fisiológicos o patológicos que se producen en el interior del mismo?

a) Percusión.
b) Palpación.
c) Inspección.
d) Auscultación.

8. ¿Qué exploración instrumental de estas es genérica?

a) La realizada mediante oftalmoscopio.
b) La realizada mediante espirometría.
c) La realizada mediante radiología.
d) La realizada mediante otoscopio.

9. ¿Qué exploración instrumental de estas es específica de un órgano, aparato o/y sistema?

a) Ecografía.
b) TAC.
c) Espirometría.
d) Radiografía simple.

10. ¿Cómo se denomina o qué acrónimo se emplea para designar a la exploración instrumental que consiste en el registro gráfico de la actividad bioeléctrica del corazón?

a) EMG.
b) EEG.

c) EKG.
d) EPG.

11. La presión arterial se mide en:

a) mm de Ag.
b) Bares.
c) Pascal.
d) mm de Hg.

12. ¿Qué aparato emplea ultrasonidos como medio de exploración médica instrumental?

a) Ecografía.
b) RNM.
c) Espirometría.
d) Radiografía simple.

13. ¿Qué tiempo de ayuno generalmente se emplea antes de la exploración para un TAC craneal?

a) No hay tiempo de ayuno.
b) Cuatro horas.
c) Doce horas.
d) Veinticuatro horas.

14. ¿Qué prueba o exploración permite valorar el grado de acidez-alcalinidad de las secreciones gástricas?

a) Enema opaco.
b) Gastroscopia.
c) pH-metría.
d) Prueba de ureasa.

15. La endoscopia convencional realizada por vía anal que permite la visualización del colon y resto de intestino grueso se denomina:

a) Colposcopia.
b) Gastroscopia.
c) Laparoscopia.
d) Colonoscopia.

16. ¿Cómo se denomina la exploración radiológica con contraste de vejiga urinaria?

a) Pielografía.
b) Cistografía retrógrada.
c) Urografía.
d) Uretrografía.

17. ¿En qué exploración instrumental de estas se utiliza el diapasón mediante la transmisión del sonido por vía ósea?

a) Prueba de Ranvier.
b) Prueba de Weber.
c) Prueba de Rinnie.
d) Prueba de Strauss.

18. ¿Cuál es el personal sanitario responsable de preparar todo lo necesario para una exploración médica?

a) El médico.
b) El enfermero.
c) El TCAE.
d) El celador.

19. ¿En qué zona de estas de la región lumbar no se suele introducir una aguja para la punción lumbar?

a) En la 2.ª vértebra lumbar.
b) En la 3.ª vértebra lumbar.
c) En la 4.ª vértebra lumbar.
d) En la 5.ª vértebra lumbar.

20. ¿En qué posición generalmente se colocará al paciente para la realización de una punción de médula ósea?

a) En posición de litotomía.
b) En posición de decúbito lateral.
c) En posición de decúbito supino.
d) En posición de Sims.

En MADTEST tienes **114 preguntas más de este tema, comentadas y argumentadas**, y elaboradas por empleados de las Administraciones Públicas teniendo en cuenta los últimos exámenes oficiales. Logra tu plaza con MADTEST: Test de calidad.

¡Supera tus límites con MADTEST!

A continuación te presentamos algunos ejemplos de preguntas comentadas:

21. ¿Qué nombre recibe la posición anatómica utilizada para la exploración vaginal?

a) Posición de decúbito lateral izquierdo.
b) Posición de litotomía.

c) Posición de Sims.
d) Posición de Roser.

Respuesta correcta: b) Posición de litotomía.

La que adopta el paciente en decúbito supino, apoyado sobre la cabeza, torso y nalgas, con las piernas levantadas y apoyadas sobre los complementos de la mesa quirúrgica o de exploración.
Es la posición más empleada para la exploración ginecológica y el parto, para las intervenciones en el ano y periné y para la cirugía transuretral.

22. La posición de Sims se utiliza para la exploración:

a) De recto y de vagina.
b) De aparato cardiovascular.
c) De aparato respiratorio.
d) De mamas, de parte anterior del tórax y del abdomen.

Respuesta correcta: a) De recto y de vagina.

Posición de Sims
Es una posición de decúbito lateral izquierdo con el brazo y la pierna de este lado extendida y la extremidad inferior derecha flexionada a nivel de la cadera y la rodilla. El brazo izquierdo puede colocarse bajo la cabeza o mantenerse extendido junto al tronco, de tal modo que el peso del cuerpo descanse sobre el tórax. Se emplea para exploraciones vaginal y rectal (manuales y endoscópicas), y para poner enemas.

23. El valor máximo de la presión arterial se alcanza con:

a) La sístole cardíaca.
b) La diástole cardíaca.
c) La sístole auricular derecha.
d) La sístole auricular izquierda.

Respuesta correcta: a) La sístole cardíaca.

La sístole y la diástole son dos etapas del ciclo cardíaco. La sístole es la fase de contracción del corazón, donde la sangre es bombeada a los vasos (valor máximo de la presión cardiaca), y la diástole es la fase de relajación, que permite que la sangre entre en el corazón (valor mínimo).

24. ¿Cómo se denomina el procedimiento realizado para drenar el líquido pleural que se encuentra entre el recubrimiento externo de los pulmones (pleura) y la pared torácica?

a) Paracentesis.
b) Toracocentesis.

c) Laparotomía.
d) Laparocentesis.

Respuesta correcta: b) Toracocentesis.

La toracocentesis es un procedimiento para extraer líquido en el espacio entre los pulmones y la pared torácica, llamado espacio pleural. Se realiza con una aguja (y a veces con un catéter de plástico) que se inserta a través de la pared torácica. A menudo, se utilizan imágenes de una ecografía para guiar la colocación de la aguja. Este líquido pleural puede ser enviado a un laboratorio para determinar qué puede estar causando la acumulación de líquido en el espacio pleural.

25. ¿De qué cavidad se extrae líquido en una paracentesis?

a) De la cavidad torácica.
b) De la cavidad peritoneal.
c) De la cavidad pleural.
d) De la cavidad pericárdica.

Respuesta correcta: b) De la cavidad peritoneal.

La paracentesis es una técnica invasiva que, mediante una punción percutánea abdominal, nos permite evacuar líquido de la cavidad peritoneal.
Consideramos dos fines principales para la paracentesis:
1. Paracentesis diagnóstica para el análisis de líquido ascítico (LA).
2. Paracentesis evacuadora o terapéutica, complemento de otros tratamientos médicos, con el fin de aliviar la tensión peritoneal provocada por el exceso de líquido libre en la cavidad abdominal.

Solución al test n.º 11

1. d) Estar sano y no existir causa que lo justifique.

2. d) Grupos de personas de riesgo.

3. a) Exploraciones de recto.

4. c) Negatoscopio.

5. a) Cucharilla de legrado uterino.

6. d) Inspección.

7. d) Auscultación.

8. c) La realizada mediante radiología.

9. c) Espirometría.

10. c) EKG.

11. d) mm de Hg.

12. a) Ecografía.

13. b) Cuatro horas.

14. c) pH-metría.

15. d) Colonoscopia.

16. b) Cistografía retrógrada.

17. b) Prueba de Weber.

18. c) El TCAE.

19. a) En la 2.ª vértebra lumbar.

20. c) En posición de decúbito supino.

Posiciones anatómicas básicas

1. ¿Cuál es el plano anatómico que divide nuestro cuerpo en una parte anterior y otra posterior?

a) El plano frontal.
b) El plano sagital.
c) El plano transversal.
d) El plano oblicuo.

2. Los ejes longitudinal y sagital forman el plano:

a) Frontal.
b) Transversal.
c) Horizontal.
d) Sagital.

3. ¿Cuál es el movimiento que implica plegar o doblar una extremidad sobre una articulación?

a) Extensión.
b) Supinación.
c) Flexión.
d) Pronación.

4. ¿Cómo se denominan todas aquellas posturas o posiciones que el paciente puede adoptar en la cama, camilla, mesa de exploraciones, etc., que son de interés para el manejo del enfermo por el personal sanitario y de manera especial por el técnico en cuidados auxiliares de enfermería?

a) Posiciones de examen del paciente encamado.
b) Posiciones anatómicas del paciente encamado.
c) Posiciones básicas del paciente encamado.
d) Posiciones exploratorias del paciente encamado.

5. ¿Qué material de estos no es necesario para realizar los cambios posturales del paciente?

a) Almohadas, cojines y ropa limpia.
b) Férulas y a veces protectores de protuberancia.
c) Jabón y antisépticos.
d) Son todos necesarios.

6. Los cambios posturales del enfermo encamado para prevenir la aparición de úlceras se efectuarán cada:

a) 2-3 horas.
b) 4-5 horas.
c) 6-8 horas.
d) 12 horas.

7. ¿Qué posición es de mucha utilidad en las embarazadas para evitar el "síndrome de hipotensión en decúbito supino" que se produce como consecuencia de la compresión del útero sobre la vena cava inferior?

a) Decúbito dorsal.
b) Decúbito lateral izquierdo o derecho.
c) Decúbito prono.
d) Decúbito ventral.

8. ¿Qué ángulo forma el paciente que se encuentra en la posición de Fowler semisentado, con la cabecera levantada y piernas ligeramente flexionadas?

a) 15º.
b) 30º.
c) 45º.
d) 60º.

9. La posición de seguridad, en la que se coloca a los enfermos inconscientes para facilitarles la eliminación de las secreciones y evitarles la broncoaspiración es:

a) La posición de Sims.
b) La posición de decúbito supino.
c) La posición de Fowler.
d) La posición de Trendelenburg.

10. ¿Qué posición es la de la imagen?

a) Posición de Trendelenburg.
b) Posición de Morestin.
c) Posición de Roser.
d) Posición de Fowler.

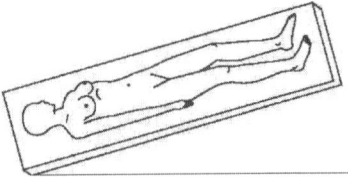

11. ¿Cómo se llama también la posición de antiTrendelenburg?

a) La posición de litotomía.
b) La posición de Morestin.
c) La posición de Roser.
d) La posición de Sims.

12. La posición mahometana es:

a) La posición de litotomía.
b) La posición de Fowler.
c) La posición de Morestin.
d) La posición genupectoral.

13. ¿Cuál de estas posiciones es quirúrgica?

a) Posición de Fowler.
b) Posición de decúbito supino.
c) Posición de Morestin.
d) Posición de decúbito prono.

14. ¿Cuál de estas posiciones consideras quirúrgica?

a) Posición de Trendelenburg.
b) Posición de decúbito prono.
c) Posición de Fowler.
d) Posición de Sims.

15. La posición de Kraske se emplea en:

a) Pacientes que presenten problemas digestivos con reflujo gastrointestinal, hernias de hiato y enfermedades respiratorias.
b) Pacientes que presenten problemas cardíacos.
c) Cirugía coxígea.
d) Posición antishock.

16. La posición de laminectomía se emplea en:

a) Exploración de recto y previa a colonoscopias.
b) Intervenciones de hernias discales a nivel lumbar o torácico del raquis.
c) Cirugía digestiva de intestino grueso.
d) Intervenciones de vesícula biliar y previa a laparoscopia.

17. La posición de craneotomía se emplea en:

a) Intervenciones de mama.
b) Intervenciones de tórax.
c) Operaciones donde es necesaria la rotura ósea de cráneo.
d) Intervenciones de hernias discales.

18. ¿Para qué exploración se emplea la posición de navaja sevillana?

a) Coxis.
b) Axis.
c) Hemorroides.
d) Uréteres.

19. ¿En qué cavidad de nuestra corporalidad se encuentra la cavidad peritoneal?

a) En la cavidad pélvica.
b) En la cavidad abdominal.
c) En la cavidad torácica.
d) En la cavidad mediastínica.

20. ¿Cómo se denomina el movimiento de alejamiento del plano medio?

a) Flexión.
b) Eversión.
c) Abducción.
d) Rotación.

En MADTEST tienes **116 preguntas más de este tema, comentadas y argumentadas**, y elaboradas por empleados de las Administraciones Públicas teniendo en cuenta los últimos exámenes oficiales. Logra tu plaza con MADTEST: Test de calidad.

¡Supera tus límites con MADTEST!

A continuación te presentamos algunos ejemplos de preguntas comentadas:

21. ¿Cómo se denomina el eje anatómico que va de derecha a izquierda y es perpendicular al eje longitudinal?

a) Eje vertical.
b) Eje sagital.
c) Eje coronal.
d) Eje transversal.

Respuesta correcta: d) Eje transversal.

El eje transversal es un eje corporal perpendicular a la dimensión mayor de un cuerpo o bien a la dirección habitual de movimiento. El eje está a la derecha tanto del eje longitudinal como del eje vertical.

22. ¿Cuál es la posición en la que el enfermo se encuentra acostado sobre su abdomen y pecho, es decir, tumbado boca abajo?

a) Decúbito lateral derecho.
b) Decúbito dorsal.
c) Decúbito prono.
d) Decúbito supino.

Respuesta correcta: c) Decúbito prono.

Decúbito prono también llamado decúbito ventral. El enfermo se encuentra acostado sobre su abdomen y pecho. La cabeza girada lateralmente. Las piernas extendidas y los brazos también extendidos a lo largo del cuerpo. El plano del cuerpo paralelo al suelo.

23. ¿Cómo se llama la posición que se describe como aquella en la que la paciente se halla acostada boca arriba, con las piernas separadas y colocadas sobre los estribos, con las rodillas y cadera flexionadas 90º y los muslos en abducción?

a) La posición de Fowler.
b) La posición de Trendelenburg.
c) La posición ginecológica.
d) La posición de Morestin.

Respuesta correcta: c) La posición ginecológica.

Posición ginecológica también llamada de **litotomía**. La paciente se halla acostada boca arriba. Las piernas colocadas sobre los estribos. Rodillas y cadera flexionadas 90º. Muslos en abducción.

24. ¿Cuál de estas posiciones consideras no quirúrgica?

a) Posición de Trendelenburg.
b) Posición genupectoral.
c) Posición de Sims.
d) Posición ginecológica.

Respuesta correcta: c) Posición de Sims.

Posiciones no quirúrgicas:
– Posiciones decúbito:
  * Posición decúbito dorsal, supino o anatómica.
  * Posición de decúbito lateral izquierdo y derecho.
  * Posición de decúbito prono.

– Posición de Fowler.

– Posición de Sims.

Posiciones quirúrgicas:

– Posición de litotomía o ginecológica.

– Posición de Trendelenburg.

– Posición genupectoral.

– Posición de Morestin.

25. ¿De qué posición es variante la posición de navaja sevillana?

a) De la posición de decúbito supino.

b) De la posición de decúbito prono.

c) De la posición de Fowler.

d) De la posición ginecológica.

Respuesta correcta: b) De la posición de decúbito prono.

Es una variante de la posición de decúbito prono y se utiliza para las exploraciones rectales así como para algunas técnicas operatorias en las intervenciones quirúrgicas de hemorroides.

Solución al test n.º 12

1. a) El plano frontal.

2. d) Sagital.

3. c) Flexión.

4. c) Posiciones básicas del paciente encamado.

5. c) Jabón y antisépticos.

6. a) 2-3 horas.

7. b) Decúbito lateral izquierdo o derecho.

8. c) 45º.

9. a) La posición de Sims.

10. a) Posición de Trendelenburg.

11. b) La posición de Morestin.

12. d) La posición genupectoral.

13. c) Posición de Morestin.

14. a) Posición de Trendelenburg.

15. c) Cirugía coxígea.

16. b) Intervenciones de hernias discales a nivel lumbar o torácico del raquis.

17. c) Operaciones donde es necesaria la rotura ósea de cráneo.

18. c) Hemorroides.

19. b) En la cavidad abdominal.

20. c) Abducción.

TEST N.º 13

Constantes vitales

1. ¿En la toma de qué constante vital no hay que avisar al enfermo acerca de lo que se le va a hacer?

a) Temperatura.
b) Pulso.
c) Respiración.
d) Tensión arterial.

2. ¿Qué afirmación es incorrecta de las acciones a seguir por el TCAE, cuando se observa alguna cuestión fuera de lo normal en la toma de constantes vitales?

a) Nunca debe dejar registrado su nombre en la hoja de incidencias de enfermería pero siempre el del paciente.
b) Debe dejar constancia por escrito en la hoja de incidencias de enfermería de todo aquello que sea considerado como fuera de lo normal.
c) Debe informar objetivamente al enfermero/a responsable del paciente de todo aquello que sea considerado como fuera de lo normal.
d) Debe dejar por escrito en la hoja de incidencias de enfermería la hora a la que se ha realizado la observación y el día que ha ocurrido, así como cuál ha sido su actuación ante aquello considerado como fuera de lo normal.

3. En el área de pediatría y urgencias en hospitales se está implantando el termómetro de:

a) Columna de mercurio.
b) Columna de galio.
c) Cristal de mercurio.
d) Sensor timpánico.

4. La temperatura bucal se puede tomar en:

a) Niños menores de 6 años.
b) Pacientes en coma.

c) Pacientes con agitación psicomotriz.
d) Niños mayores de 6 años.

5. Existe taquicardia por encima de:

a) 75 pulsaciones/minuto.
b) 85 pulsaciones/minuto.
c) 95 pulsaciones/minuto.
d) 100 pulsaciones/minuto.

6. ¿Cómo se denomina aquel pulso que se percibe con facilidad y que produce gran amplitud en el vaso que se palpa?

a) Fuerte.
b) Pleno.
c) Rebotante.
d) Filiforme.

7. El pulso central o apical se toma:

a) En la punta del corazón.
b) En la zona central del muslo.
c) En el cuello (es sinónimo del yugular).
d) En la zona central del brazo.

8. ¿Cuál de estas consideras una razón sustancial y etiopatogénica para tomar el pulso?

a) Para valorar la frecuencia, el ritmo, el volumen y la tensión del pulso, que pueden reflejar un problema general.
b) Para identificar a un sujeto.
c) Para valorar el estado de salud del sujeto.
d) Para conocer la edad del individuo.

9. ¿Cuál de estas es considerada una posición adecuada para tomar el pulso?

a) Posición de bipedestación.
b) Posición de sentado.
c) Posición de decúbito prono.
d) Son válidas las respuestas a) y b).

10. La ausencia de respiración se denomina:

a) Apnea.
b) Hipernea.

c) Ortopnea.
d) Ripnea.

11. La serie de respiraciones irregulares en profundidad, interrumpidas por intervalos de apnea se denomina respiración de:

a) Biot.
b) Bouchut.
c) Kussmaul.
d) Cheyne-Stokes.

12. ¿En qué tipo de gráficas existe un apartado también para la medicación?

a) En Gráficas mensuales.
b) En Gráficas semanales.
c) En Gráficas ordinarias.
d) En Gráficas especiales.

13. En ausencia de patología, en el ritmo respiratorio normal la fase inspiratoria es más corta que la espiratoria en una proporción:

a) 2:1.
b) 3:1.
c) 4:1.
d) 5:1.

14. En un adulto joven y sano la presión sistólica es de:

a) 180 mmHg.
b) 155 mmHg.
c) 130 mmHg.
d) 100 mmHg.

15. La temperatura ambiente a la hora de tomar la tensión arterial debe estar sobre los:

a) 10 ºC.
b) 22 ºC.
c) 30 ºC.
d) 35 ºC.

16. La hipotensión postural se denomina también:

a) Idiopática.
b) Esencial.
c) Ortostática.
d) Paradójica.

17. Los valores normales para la vena cava de PVC es de:

a) 0 y 4 cm de H_2O.
b) 2 y 6 cm de H_2O.
c) 6 y 12 cm de H_2O.
d) 14 a 20 cm de H_2O.

18. ¿Cuál es el componte más importante del cuerpo humano?

a) El sodio.
b) El postasio.
c) El agua.
d) La sal.

19. El espacio situado entre las células se denomina espacio:

a) Extracelular.
b) Intracelular.
c) Intersticial.
d) Intravascular.

20. ¿Cuál es el catión más abundante en el espacio intracelular?

a) Sodio.
b) Hidrógeno.
c) Potasio.
d) Cloruro.

En MADTEST tienes **109 preguntas más de este tema, comentadas y argumentadas,** y elaboradas por empleados de las Administraciones Públicas teniendo en cuenta los últimos exámenes oficiales. Logra tu plaza con MADTEST: Test de calidad.

¡Supera tus límites con MADTEST!

A continuación te presentamos algunos ejemplos de preguntas comentadas:

21. ¿Cómo se denomina la presión que la sangre ejerce en el interior de las venas que entran en el corazón?

a) Presión arterial central (PAC).
b) Presión diastólica (PD).
c) Presión venosa central (PVC).
d) Tensión arterial (TA).

Respuesta correcta: c) Presión venosa central (PVC).

La presión venosa central (PVC) se corresponde con la presión sanguínea a nivel de la aurícula derecha y la vena cava, estando determinada por el volumen de sangre, volemia, estado de la bomba muscular cardiaca y el tono muscular.

22. ¿De cuántas personas se requiere para tomar el pulso apical-radial?

a) De 1 persona.
b) De 2 personas.
c) De 3 personas.
d) De ninguna, lo hace una máquina.

Respuesta correcta: b) De 2 personas.

El pulso **apical-radial** requiere de dos personas para ser tomado. Mientras que una se encarga de tomar el apical la otra toma el radial. En condiciones normales ambos coinciden. Cuando no ocurre esto tendremos que pensar que está sucediendo algo de tipo patológico.

23. ¿Qué circunstancia o fase que se da en la respiración nos permite tomar esta constante?

a) El ritmo respiratorio.
b) La inspiración.
c) La espiración.
d) La suspiración.

Respuesta correcta: b) La inspiración.

Durante la inspiración se produce la expansión del tórax y esta expansión es la que nos va a facilitar la toma de esta constante.

24. La TA se mide en:

a) mm de Hg.
b) mm de Ag.
c) Bares.
d) Pascales.

Respuesta correcta: a) mm de Hg.

La presión arterial es la fuerza de la sangre contra las paredes de los vasos sanguíneos. Se mide en milímetros de mercurio (mmHg).

25. ¿Qué materia no necesitaremos para la toma de la PVC?

a) Tensiómetro.
b) Llave de tres pasos.
c) Envase de suero fisiológico.
d) Vía central canalizada, bien con acceso central o periférico.

Respuesta correcta: a) Tensiómetro.

Material:
– Equipo de presión venosa central.
– Venotonómetro.
– Envase de suero fisiológico.
– Llave de tres pasos.
– Vía central canalizada, bien con acceso central o periférico.
– Nivel.

Solución al test n.º 13

1. c) Respiración.

2. a) Nunca debe dejar registrado su nombre en la hoja de incidencias de enfermería pero siempre el del paciente.

3. d) Sensor timpánico.

4. d) Niños mayores de 6 años.

5. d) 100 pulsaciones/minuto.

6. b) Pleno.

7. a) En la punta del corazón.

8. a) Para valorar la frecuencia, el ritmo, el volumen y la tensión del pulso, que pueden reflejar un problema general.

9. b) Posición de sentado.

10. a) Apnea.

11. a) Biot.

12. d) En Gráficas especiales.

13. b) 3:1.

14. c) 130 mmHg.

15. b) 22 ºC.

16. c) Ortostática.

17. c) 6 y 12 cm de H_2O.

18. c) El agua.

19. c) Intersticial.

20. c) Potasio.

TEST N.º 14

Principio anatomofisiológico de la piel. Higiene del paciente: concepto. Higiene total y parcial

1. ¿Qué elemento o elementos anatómicos de estos no pertenece al sistema tegumentario?

a) Piel.
b) Pelos.
c) Uñas.
d) Cartílagos.

2. El tejido celular subcutáneo de la piel se denomina:

a) Dermis.
b) Hipodermis.
c) Epidermis.
d) Tejido de Malpighio.

3. ¿Dónde no hay glándulas sebáceas?

a) En axilas.
b) En plantas del pie y palmas de las manos.
c) En cuero cabelludo.
d) En cara.

4. ¿Cómo se denomina la parte de las uñas que se observa en sus zonas proximales en forma de zona blanquecina semicircular?

a) Cutícula.
b) Lúnula.
c) Bulbo.
d) Médula.

5. ¿Cómo se denomina la lesión primaria de la piel, elevada, circunscrita, infiltrada, producida por inflamación crónica y que deja cicatriz cuando resuelve?

a) Tubérculo.
b) Roncha.
c) Habón.
d) Vesícula.

6. ¿Qué lesión elemental primaria de la piel es aquella que se manifiesta sobreelevada y de contenido sólido, inferior a 1 cm de diámetro?

a) Pápula.
b) Mácula.
c) Púrpura.
d) Ampolla.

7. ¿Qué lesión secundaria y elemental de la piel es producida por desecación de exudados o sangre?

a) Pústula.
b) Escama.
c) Costra.
d) Liquenificación.

8. Una erosión en la piel se define como aquella lesión elemental que se manifiesta como:

a) Una pérdida superficial de la epidermis que cura sin cicatriz.
b) Una solución de continuidad que afecta a epidermis y dermis papilar.
c) Una pérdida de sustancia que afecta a epidermis, dermis y tejido subcutáneo.
d) Una pequeña elevación cutánea parecida a la ampolla pero contiene en su interior pus.

9. ¿Qué dermatosis es muy frecuente en adolescencia (hasta en el 80 %)?

a) Acné.
b) Psoriasis.
c) Vitíligo.
d) Forúnculos.

10. ¿Qué infección de la piel es vírica?

a) Psoriasis.
b) Herpes simple.
c) Forúnculo.
d) Escabiosis.

11. La denominada vulgarmente como "ladilla" la ocasiona:

a) *Pediculis humanus capitis*.
b) *Pediculis humanus corporis*.
c) *Phthirus pubis*.
d) *Pediculis scrotae*.

12. La escabiosis es otra denominación de:

a) La sarna.
b) La pediculosis.
c) La psoriasis.
d) El nevus cutáneo.

13. La afección de la piel conocida como "manchas vino de Oporto" se corresponde a:

a) Nevus azul.
b) Angiomas planos.
c) Angiomas cavernosos.
d) Nevus melanocítico congénito o adquirido.

14. ¿Qué es falso del melanoma?

a) Es un tumor maligno de la piel.
b) Se da más frecuentemente en sujetos de piel oscura o morena intensa, sin necesidad de exponerse al sol.
c) Es un melanoma con poca o nada de pigmentación es un factor de mal pronóstico.
d) Es más frecuentes en mujeres.

15. ¿Qué baño es aquel que, aun conservando la movilidad, el paciente no puede levantarse, por lo que él asume su higiene siendo auxiliado en caso necesario por la enfermera?

a) Baño completo en la cama.
b) Baño en la cama.
c) Baño parcial.
d) Baño kinestésico.

16. ¿Qué elementos o materiales necesarios para el aseo del paciente son de lavado?

a) Hule.
b) Manta de baño.
c) Esponjas y guantes.
d) Cuña.

17. El lavado de cabellos del paciente debe realizarse aproximadamente:

a) Todos los días.
b) Cada tres días.
c) Una vez a la semana.
d) Depende de la suciedad que este tenga.

18. ¿Cuál debe ser la temperatura del agua para el baño, si se realiza la técnica del baño completo en la cama?

a) 180 ºC.
b) 22-24 ºC.
c) 30-32 ºC.
d) 37-40 ºC.

19. ¿En qué posición debe colocarse al paciente para llevar a cabo la higiene del cabello?

a) En posición de Trendelenburg.
b) En posición de Roser o Proetz.
c) En posición de Morestín.
d) En posición de Sims.

20. ¿Qué zona de la uña indica la incógnita de la imagen?

a) Placa ungueal.
b) Lúnula.
c) Eponiquio.
d) Cutícula.

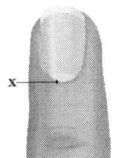

En MADTEST tienes **144 preguntas más de este tema, comentadas y argumentadas**, y elaboradas por empleados de las Administraciones Públicas teniendo en cuenta los últimos exámenes oficiales. Logra tu plaza con MADTEST: Test de calidad.

¡Supera tus límites con MADTEST!

A continuación te presentamos algunos ejemplos de preguntas comentadas:

21. ¿Qué calibre posee la piel en las zonas donde esta cubierta es más gruesa?

a) ≥ 15 mm.
b) ≥ 10 mm.

c) ≥ 4 mm.
d) ≥ 0,5 mm.

Respuesta correcta: c) ≥ 4 mm.

Tiene un grosor variable según las partes del cuerpo oscilando entre 0,5-4 mm. La más fina es la de los párpados (0,5 mm) y la más gruesa la de los talones (4 mm).

22. ¿Qué lesión es aquella que se manifiesta como una induración de la piel con pérdida de su elasticidad, provocada fundamentalmente por fibrosis de la dermis?

a) Liquenificación.
b) Esclerosis.
c) Excoriación.
d) Quiste.

Respuesta correcta: b) Esclerosis.

Esclerosis: induración de la piel con pérdida de su elasticidad, provocada fundamentalmente por fibrosis de la dermis.

23. ¿Qué enfermedad de la piel posee un componente etiológico familiar?

a) Psoriasis.
b) Herpes simple.
c) Herpes zóster.
d) Pediculosis.

Respuesta correcta: a) Psoriasis.

La psoriasis es una alteración genética que causa mucha inflamación en la piel y afecta a su vez, las articulaciones, dejando marcas enrojecidas y descamadas acompañadas de dolor. Un poco más del 2 por ciento de la población contrae esta enfermedad que no es contagiosa, pues los hallazgos científicos revelan que se desarrolla por una serie de factores hereditarios.

24. La queratosis actínica degenera malignizándose en un 20 % de casos a cánceres:

a) Espinocelulares o escamosos.
b) Sarcomas.
c) Melanomas.
d) Cánceres basocelulares.

Respuesta correcta: a) Espinocelulares o escamosos.

Queratosis actínica: pápulas queratósicas, blanquecinas, adheridas a una base eritematosa, con telangiectasias, rasposas al tacto, en zonas fotoexpuestas. Un 20% aproximadamente malignizan dando lugar a un carcinoma espinocelular.

25. El orinal plano es un material o elemento de:

a) Evacuación.
b) Protección.
c) Lavado.
d) Recambio.

Respuesta correcta: a) Evacuación.

Los elementos de evacuación son: orinal plano o cuña, bolsa para la ropa sucia o cubo, etc.

Solución al test n.º 14

1. d) Cartílagos.

2. b) Hipodermis.

3. b) En plantas del pie y palmas de las manos.

4. b) Lúnula.

5. a) Tubérculo.

6. a) Pápula.

7. c) Costra.

8. a) Una pérdida superficial de la epidermis que cura sin cicatriz.

9. a) Acné.

10. b) Herpes simple.

11. c) *Phthirus pubis*.

12. a) La sarna.

13. b) Angiomas planos.

14. b) Se da más frecuentemente en sujetos de piel oscura o morena intensa, sin necesidad de exponerse al sol.

15. b) Baño en la cama.

16. c) Esponjas y guantes.

17. c) Una vez a la semana.

18. d) 37-40 ºC.

19. b) En posición de Roser o Proetz.

20. c) Eponiquio.

TEST N.º 15

Principios anatomofisiológicos de sostén y movimiento

1. ¿Qué porción anatómica no forma parte del aparato locomotor?

a) Músculos.
b) Huesos.
c) Articulaciones.
d) Nervios.

2. ¿Qué hueso es corto?

a) Ganchoso.
b) Peroné.
c) Tibia.
d) Cúbito.

3. ¿Qué hueso es arqueado?

a) Radio.
b) Etmoides.
c) Hioides.
d) Unguis.

4. ¿Qué eje predomina en los huesos largos?

a) El eje longitudinal.
b) El eje transversal.
c) El eje sagital.
d) El eje horizontal.

5. ¿De qué tipo de tejido básico es variante el tejido óseo?

a) De tejido fibroso.
b) De tejido conjuntivo.

c) De tejido nervioso.
d) De tejido epitelial.

6. ¿Qué fibras son las que son mayoritarias en el tejido óseo?

a) Fibras de Lys.
b) Fibras de reticulina.
c) Fibras elásticas.
d) Fibras colágenas.

7. ¿En qué zona de un hueso largo se sitúa el cartílago de crecimiento?

a) En la metáfisis.
b) En la diáfisis.
c) En la epífisis.
d) En la difisilis.

8. ¿Qué estructura existente en los huesos es la responsable de la formación de las células sanguíneas (hematopoyesis)?

a) Médula ósea amarilla.
b) Médula ósea roja.
c) Médula ósea azul.
d) Médula ósea verde.

9. La disminución de la densidad ósea se denomina:

a) Hipoosia.
b) Osteomalacia.
c) Osteocia.
d) Osteonecrosis.

10. ¿Qué hueso del cráneo posee los denominados peñascos?

a) Frontal.
b) Occipital.
c) Parietales.
d) Temporales.

11. ¿Qué hueso no posee articulación con ningún otro?

a) Atlas.
b) Axis.
c) Hioides.
d) Vómer.

12. ¿Cuántas vértebras constituyen la columna vertebral dorsal?

a) 7.
b) 5.
c) 12.
d) 9.

13. ¿Cuántos huesecillos constituyen el carpo?

a) 5.
b) 2.
c) 10.
d) 8.

14. Las superficies de contacto entre dos huesos próximos se denominan:

a) Articulaciones.
b) Cavidad articular.
c) Ligamentos.
d) Espacio óseo.

15. Las articulaciones en "silla de montar" son las:

a) Enartrosis.
b) Artrodiales.
c) Encaje recíproco.
d) Condíleas.

16. La mayoría de los músculos esqueléticos se insertan en los huesos y esa unión se realiza por medio de:

a) Ligamentos.
b) Fascias.
c) Aponeurosis.
d) Tendones.

17. ¿Qué músculos de estos son más frecuentemente cutáneos?

a) Músculos de cabeza.
b) Músculos de cuello.
c) Músculos de miembro superior.
d) Músculos de miembro inferior.

18. ¿Qué paquete muscular de estos no pertenece al cuádriceps crural?

a) Recto interno.
b) Vasto externo.
c) Vasto interno.
d) Crural.

19. ¿Qué sintomatología se da en la artrosis?

a) Dolor articular y rigidez.
b) Limitación de la movilidad y crepitación.
c) Grados variables de inflamación local.
d) Todo lo anterior se da clínicamente.

20. ¿Qué enfermedad de estas está asociada clínicamente a la presencia de autoanticuerpos en el organismo de quién la padece?

a) Artritis gotosa.
b) Osteosarcoma.
c) Artrosis.
d) Lupus eritematoso sistémico.

En MADTEST tienes **134 preguntas más de este tema, comentadas y argumentadas**, y elaboradas por empleados de las Administraciones Públicas teniendo en cuenta los últimos exámenes oficiales. Logra tu plaza con MADTEST: Test de calidad.

¡Supera tus límites con MADTEST!

A continuación te presentamos algunos ejemplos de preguntas comentadas:

21. El aparato locomotor se encarga de:

a) La estática.
b) El desplazamiento.
c) Dar respuesta sensitiva.
d) El equilibrio ortostático.

Respuesta correcta: b) El desplazamiento.

El aparato locomotor está formado por el sistema osteoarticular (huesos, articulaciones y ligamentos) y el sistema muscular (músculos y tendones). Permite al ser humano y a los animales en general interactuar con el medio que le rodea mediante el movimiento o locomoción y sirve de sostén y protección al resto de órganos del cuerpo.

22. El tercio medio de un hueso largo se denomina:

a) Metáfisis.
b) Diáfisis.
c) Epífisis.
d) Diálisis.

Respuesta correcta: b) Diáfisis.

Se llama diáfisis a la porción central o cuerpo de los huesos largos.

23. ¿Cómo se denomina la estructura de tejido esponjoso entre ambas tablas de un hueso plano?

a) Endostio.
b) Trabéculas.
c) Lagunas óseas.
d) Diploe.

Respuesta correcta: d) Diploe.

El diploe es un tejido óseo esponjoso, que se encuentra entre las dos tablas de los huesos planos del cráneo. Contiene médula ósea roja.

24. ¿Con qué otra estructura se comunican los senos paranasales frontales?

a) Con las fosas temporales.
b) Con las fosas nasales.
c) Con la cavidad auditiva.
d) Con el agujero de Majencio.

Respuesta correcta: b) Con las fosas nasales.

Los senos nasales o paranasales son un conjunto de cavidades aéreas que se encuentran en los huesos frontales, esfenoides, etmoides, y maxilar superior, que comunican con las fosas nasales.

25. Las suturas son:

a) Patologías óseas observadas cuando falta calcio en los huesos, sin causa alguna.
b) Patologías óseas observadas cuando falta calcio en los huesos, debido al déficit de vitamina D.
c) Las articulaciones que existen entre los huesos del cráneo.
d) Las zonas membranosas que forman oquedad en los huesos de la cabeza, durante la infancia.

Respuesta correcta: c) Las articulaciones que existen entre los huesos del cráneo.

Una **sutura del cráneo** es un tipo de articulación fibrosa que se da únicamente en los huesos de la cabeza. Están unidas por medio de fibras de Sharpey. Las suturas permiten una ligera cantidad de movimiento, que contribuye a la compliancia y elasticidad del cráneo.

Solución al test n.º 15

1. d) Nervios.

2. a) Ganchoso.

3. c) Hioides.

4. a) El eje longitudinal.

5. b) De tejido conjuntivo.

6. d) Fibras colágenas.

7. a) En la metáfisis.

8. b) Médula ósea roja.

9. c) Osteocia.

10. d) Temporales.

11. c) Hioides.

12. c) 12.

13. d) 8.

14. a) Articulaciones.

15. c) Encaje recíproco.

16. d) Tendones.

17. a) Músculos de cabeza.

18. a) Recto interno.

19. d) Todo lo anterior se da clínicamente.

20. d) Lupus eritematoso sistémico.

TEST N.º 16

Técnicas de movilización, deambulación y traslado

1. El desarrollo de un programa de ejercicios encaminado a conseguir el restablecimiento de las funciones disminuidas por la enfermedad es:

a) Movilización.
b) Fisioterapia.
c) Masoterapia.
d) Nada de lo anterior.

2. ¿Qué causa física del inmovilismo es fisiológica?

a) La artrosis.
b) La osteoporosis.
c) La enfermedad de Parkinson.
d) Las producidas por el envejecimiento de las personas.

3. Considerando exclusivamente la fuerza, el ángulo de tracción óptimo para cualquier músculo es de:

a) 30 grados.
b) 45 grados.
c) 60 grados.
d) 90 grados.

4. Las úlceras por presión se evitan:

a) Con una sistemática de cambios posturales frecuentes.
b) La necesidad de una aplicación adecuada de buenas posiciones no es prioritaria.
c) Tomando todos los días la medicación recomendada.
d) Son ciertas las respuestas a) y c).

5. ¿Qué paso a seguir es incorrecto en el procedimiento para mover a un enfermo hacia el borde de la cama?

a) El auxiliar se ubicará en el lado de la cama hacia donde se moverá al enfermo.

b) Quitar toda la ropa de la cama, incluso la sábana encimera.

c) Colocar el brazo del paciente que se encuentre más cercano a nosotros a lo largo de su tórax.

d) Colocar un pie delante del otro y flexionar las rodillas.

6. ¿Qué es falso del procedimiento de ayudar a un enfermo a ponerse de pie desde la cama colocando previamente al mismo en posición de decúbito lateral?

a) Elevar el segmento superior de la cama hasta conseguir un ángulo comprendido entre 45 y 60º.

b) Nos colocamos en la posición opuesta a las caderas del paciente y pasamos nuestro brazo más cercano a los hombros del enfermo por debajo de ellos, mientras que el otro brazo lo colocamos sobre el muslo más lejano.

c) Girar hacia la pierna de detrás de forma que las piernas del paciente se columpien hacia adelante y nuestro peso cambie a la pierna de atrás y con ello logramos que el enfermo esté sentado en el borde de la cama.

d) El tipo de posicionamiento previo en decúbito lateral debe ser el contrario con el lado hacia el cual se va a levantar al paciente.

7. ¿Qué maniobra es la primera que hay que hacer si queremos transferir un enfermo de la cama a un sillón?

a) Colocar el sillón paralelo a la cama y a la altura de los pies.

b) Colocar al paciente en la orilla de la cama.

c) Sentar al paciente en la cama con las piernas por fuera.

d) Colocar el sillón paralelo al familiar del paciente.

8. ¿Qué pacientes requerirán de mayor atención del TCAE para cubrir sus necesidades básicas y para llevar a cabo con ellos posturas corregidas para evitar que se produzcan complicaciones? Enfermos...

a) No colaboradores.

b) Con traumatismo espinal con un aumento de la presión intracraneal.

c) Hemipléjicos.

d) Ninguno de los anteriores.

9. ¿Cuántos kg se aplican en la tracción esquelética para obtener el efecto terapéutico?

a) 3 a 6.

b) 4,5 a 8.

c) 7 a 12.
d) 10 a 20.

10. ¿Quién debe supervisar los sistemas y conexiones del respirador, así como los tubos y cánulas, para proceder de forma adecuada a la movilización de un paciente asistido por ventilación artificial?

a) Un celador.
b) Un Técnico en Cuidados Auxiliares de Enfermería.
c) Un diplomado en enfermería.
d) Puede supervisarlo cualquiera de los anteriores.

11. ¿Qué es lo primero a efectuar antes de hacer un traslado?

a) Indicar al paciente qué vas a hacer.
b) Presentarte a la supervisora e indicarle tu misión.
c) Hacer traslado con seguridad y bienestar para el paciente si no es urgente.
d) Esperar a que la persona responsable se haga cargo del paciente en destino.

12. ¿Qué es incorrecto a la hora de transportar a un paciente en una silla de ruedas?

a) Siempre se empuja por detrás, excepto cuando se sale o entra en el ascensor.
b) Cuando se cruza una puerta de hojas elásticas, se volverá la silla y pasará el auxiliar o celador antes que el paciente, caminando hacia atrás.
c) Si se baja una rampa, el celador o auxiliar caminará hacia atrás.
d) El traslado hacia un vehículo cuando es dado de alta un paciente se efectuará colocando la silla perpendicular al coche sin necesidad de frenarla (la frena el propio vehículo) y con los reposapiés levantados.

13. ¿Para qué se realizan los ejercicios de amplitud de movimientos?

a) Para mantener la movilidad de las articulaciones.
b) No valen para prevenir las contracturas.
c) No ayudan a preparar a la persona que ha estado tiempo encamada para deambular.
d) No evitan atrofias.

14. ¿Qué finalidad poseen los ejercicios isométricos?

a) Ayudar a preparar a la persona que ha estado tiempo encamada a deambular.
b) Fortalecer y tonificar los músculos.
c) Ayudar a preparar a la persona que ha estado tiempo en sedestación a deambular.
d) Nada de lo anterior es cierto.

15. La posición de mantenerse parado en ambos pies se denomina:

a) Fowler.
b) Bipedestación.
c) Anatómica.
d) Sedestación.

16. ¿Qué indicaciones son las más frecuentes de las muletas de aluminio?

a) Esguinces.
b) Enfermos tetrapléjicos.
c) Enfermos parapléjicos.
d) Son ciertas las respuestas b) y c).

17. ¿Cuál de estas ayudas es autoestable?

a) Pasamanos.
b) Barras paralelas.
c) Bastones multipodales.
d) Ninguna de las anteriores.

18. ¿Qué define la OMS como la consecuencia de cualquier acontecimiento que precipita al paciente al suelo en contra de su voluntad?

a) Traumatismo.
b) Suicidio.
c) Caída.
d) Accidente.

19. ¿Cómo se denominan los factores de riesgo de caídas que están relacionados con las condiciones generales del propio individuo?

a) Constitucionales.
b) Extrínsecos.
c) Intrínsecos.
d) Precipitantes.

20. ¿Qué es lo primero que hay que hacer ante la realidad de que la caída se ha producido?

a) Evaluación de la misma.
b) Intervenir modificando los elementos desencadenantes.
c) Intervenir modificando los elementos precipitantes.
d) Realizar un croquis de las circunstancias.

En MADTEST tienes **124 preguntas más de este tema, comentadas y argumentadas**, y elaboradas por empleados de las Administraciones Públicas teniendo en cuenta los últimos exámenes oficiales. Logra tu plaza con MADTEST: Test de calidad.

¡Supera tus límites con MADTEST!

A continuación te presentamos algunos ejemplos de preguntas comentadas:

21. Cuando la movilización la realiza el propio paciente con la supervisión (sin ayuda física) del profesional sanitario, se dice que es:

a) Activa.
b) Activa auxiliada.
c) Pasiva supervisada.
d) Pasiva.

Respuesta correcta: a) Activa.

Movilización activa, la realiza el propio paciente bajo la supervisión del profesional. Consiste en la movilización de los segmentos corporales que quiera ejercitar por medio de los músculos y articulaciones de esos segmentos.

22. ¿En qué situación de estas está contraindicada la movilidad del paciente?

a) Pacientes no colaboradores.
b) Pacientes inconscientes.
c) Enfermos con traumatismo craneoencefálico.
d) Enfermos con depresión.

Respuesta correcta: c) Enfermos con traumatismo craneoencefálico.

Existen patologías en las que el movimiento está contraindicado; algunas de estas son aquellas en las que el paciente presenta un traumatismo craneoencefálico o espinal con un aumento de la presión intracraneal.

23. ¿Cuántos kg se aplican en una extremidad en la tracción cutánea para obtener el efecto terapéutico?

a) 2 a 3.
b) 3 a 6.
c) 4,5 a 8.
d) 7 a 12.

Respuesta correcta: a) 2 a 3.

En la tracción cutánea se aplican 2 a 3 kg en una extremidad para obtener el efecto terapéutico.

24. ¿Qué posición debe adoptar el paciente al inicio de la deambulación?

a) Posición de pie correcta.
b) Unidestación.
c) Anatómica.
d) Sedestación.

Respuesta correcta: a) Posición de pie correcta.

El inicio de la deambulación lo prescribe el médico y para ello el paciente debe ser capaz de conservar la posición de sedestación sin complicaciones. Es muy importante que la consecución de los objetivos se haga de una forma escalonada y siempre supervisada por el personal sanitario. En la deambulación el paciente debe continuar adoptando la llamada posición de pie correcta (bipedestación).

25. ¿Cómo se denominan los dispositivos metálicos que por medio de una bomba hidráulica y de determinados complementos, permiten la elevación, transporte y acomodamiento de personas en diferentes lugares (cama, baño, etc.)?

a) Rueda de hombros.
b) Grúas.
c) Bipedestadores.
d) Jaula de Böhler.

Respuesta correcta: b) Grúas.

La grúa para pacientes es un elemento auxiliar con una bomba hidráulica del que dispone el personal sanitario para movilizar al enfermo dependiente con la mayor seguridad y menor riesgo de lesiones para él y para sus cuidadores.

Solución al test n.º 16

1. a) Movilización.

2. d) Las producidas por el envejecimiento de las personas.

3. d) 90 grados.

4. a) Con una sistemática de cambios posturales frecuentes.

5. b) Quitar toda la ropa de la cama, incluso la sábana encimera.

6. d) El tipo de posicionamiento previo en decúbito lateral debe ser el contrario con el lado hacia el cual se va a levantar al paciente.

7. a) Colocar el sillón paralelo a la cama y a la altura de los pies.

8. c) Hemipléjicos.

9. c) 7 a 12.

10. c) Un diplomado en enfermería.

11. b) Presentarte a la supervisora e indicarle tu misión.

12. d) El traslado hacia un vehículo cuando es dado de alta un paciente se efectuará colocando la silla perpendicular al coche sin necesidad de frenarla (la frena el propio vehículo) y con los reposapiés levantados.

13. a) Para mantener la movilidad de las articulaciones.

14. b) Fortalecer y tonificar los músculos.

15. b) Bipedestación.

16. a) Esguinces.

17. c) Bastones multipodales.

18. c) Caída.

19. c) Intrínsecos.

20. a) Evaluación de la misma.

TEST N.º 17

Úlceras por presión

1. ¿Qué es lo más importante de lo que se expone en relación con las úlceras por presión a nivel sanitario?

a) Su tratamiento.
b) Su diagnóstico.
c) Su prevención.
d) Conocer sus causas.

2. ¿En qué personas se dan más úlceras por presión?

a) En personas encamadas.
b) En personas con buena movilidad.
c) En personas bien nutridas.
d) Nada de lo anterior es cierto.

3. ¿Qué causa de estas es neurológica o nerviosa en la génesis de la úlcera por presión?

a) Parálisis.
b) Arteriosclerosis.
c) Alteraciones de la microcirculación.
d) Todo lo anterior es cierto.

4. ¿Cuáles son los planos duros que ejercen presión para que se dé la úlcera por presión?

a) El colchón o asiento sobre el que reposa el enfermo y por otro la superficie ósea del paciente.
b) Las sábanas o colchas empleadas y las manos de los cuidadores.
c) Las manos de los cuidadores y el colchón o asiento sobre el que reposa el enfermo.
d) Las manos de los cuidadores y la superficie ósea del paciente.

5. ¿Qué tipo de enfermo de estos puede tener la consciencia alterada y por ello ser más susceptible a padecer úlceras por presión?

a) Enfermos psiquiátricos sometidos a fuertes dosis de sedantes.
b) Enfermos incontinentes.
c) Enfermos con Síndrome de Cushing.
d) Ninguno de los anteriores.

6. Se padecerá de úlcera por presión cuando haya circunstancias favorables y se dé un apoyo cutáneo que sobrepase como mínimo:

a) Media hora.
b) Una hora.
c) Dos a tres horas.
d) Veinte horas.

7. En posición de sentado, la úlcera por presión aparecerá más frecuentemente en:

a) La tuberosidad isquiática.
b) La tuberosidad púbica.
c) Los acromiones.
d) Los olécranos.

8. ¿Cómo se denominan las úlceras por presión acaecidas por mecanismos de presión y roce derivados del uso de materiales empleados en un tratamiento?

a) Mecánicas.
b) Físicas.
c) Iatrogénicas.
d) Idiopáticas.

9. La aparición de úlcera iatrogénica en muñecas y pies, suele ser por:

a) Agresiones indebidas del sanitario.
b) Sujeciones mecánicas.
c) Autolesiones.
d) No se producen.

10. ¿En qué estadio está una úlcera por presión (según la *Agency for Health Care and Research*) cuando aparece un eritema que no cede al retirar el estímulo de presión en piel intacta?

a) Estadio I.
b) Estadio II.
c) Estadio III.
d) Estadio IV.

11. ¿Cómo se denomina la última fase de formación de la úlcera de presión o forma más evolucionada?

a) Fase final de exitus.
b) Fase escoriativa.
c) Fase eritematosa.
d) Fase necrótica.

12. ¿Qué estadio es la preúlcera según la clasificación del *Grupo Nacional para el Estudio y Asesoramiento sobre las Úlceras por Presión y el Grupo Europeo de Úlceras por Presión*?

a) Estadio 0.
b) Estadio 1.
c) Estadio a.
d) Estadio A.

13. ¿Cuántos parámetros se valoran en la Escala de Norton?

a) 3.
b) 4.
c) 5.
d) 6.

14. Si la incontinencia del paciente es urinaria y fecal, en ese parámetro de la Escala de Norton obtendría una puntuación de:

a) 4.
b) 3.
c) 2.
d) 1.

15. ¿Qué puntuación presentaría un paciente (Escala de Norton) con úlcera por presión que presenta un estado físico general regular, una actividad disminuida, sin incontinencia, y está sentado y confuso?

a) 24.
b) 20.
c) 13.
d) 9.

16. ¿Qué factor o factores de riegos se miden en la Escala de Braden en pacientes con úlceras por presión?

a) Percepción sensorial (capacidad para reaccionar ante una molestia relacionada con la presión).
b) Estado físico.
c) Estado mental.
d) Incontinencia.

17. ¿Cuántos parámetros se valoran en la Escala de Braden?

a) 3.
b) 4.
c) 5.
d) 6.

18. ¿Cuál es la base para la prevención y el tratamiento de las úlceras por presión?

a) Sequedad de la cama y sus útiles.
b) Sequedad de la piel del paciente y adecuada nutrición de la misma.
c) Una planificación de los cuidados de enfermería basada en la continuidad sistemática de los mismos.
d) Son ciertas las respuestas a) y b).

19. ¿Cada cuánto tiempo deben realizarse los cambios de posición en pacientes con riesgos a úlceras por presión?

a) Cada 2-3 horas.
b) Cada 4-6 horas.
c) Cada 6-8 horas.
d) Cada 12 horas.

20. ¿Cuándo no está contraindicado el masaje en la UPP?

a) Nunca está contraindicado, es aconsejable.
b) Siempre está contraindicado, está prohibido ya que la agrava.
c) Cuando no agrava la preúlcera.
d) Si la zona aún no tiene enrojecimiento (eritema).

En MADTEST tienes **115 preguntas más de este tema, comentadas y argumentadas,** y elaboradas por empleados de las Administraciones Públicas teniendo en cuenta los últimos exámenes oficiales. Logra tu plaza con MADTEST: Test de calidad.

¡Supera tus límites con MADTEST!

A continuación te presentamos algunos ejemplos de preguntas comentadas:

21. ¿Cuál es el mecanismo físico principal para la patogenia de la úlcera por presión (o UPP)?

a) Presión continua tisular, relacionada con su intensidad.
b) Aumento local de temperatura a nivel tisular.

c) Disminución local de temperatura a nivel tisular.

d) Bloqueo sensorial a nivel tisular.

Respuesta correcta: a) Presión continua tisular, relacionada con su intensidad.

La principal causa de la formación de una úlcera por presión, es la presión ejercida y mantenida entre dos planos duros y la tolerancia de los tejidos a ésta. Por un lado tenemos el plano duro esquelético y prominencias óseas fisiológicas o deformantes del paciente y el otro plano duro generalmente externos a él, representado por la cama, silla, calzado u otros objetos.

22. ¿Qué lugar de los siguientes es el más frecuente donde se da la úlcera por presión?

a) Rodilla.

b) Dedos de los pies.

c) Región abdominal.

d) Sacro.

Respuesta correcta: d) Sacro.

Los trocánteres, el sacro, glúteos y talones son las localizaciones más frecuentes.

23. ¿Cómo se denomina la fase de formación de la úlcera por presión que se caracteriza por la aparición de erosión y/o flictena y más tarde coloración grisácea o negruzca que indica la necrosis del tejido subcutáneo, acompañado de dolor local?

a) Fase de inicio.

b) Fase escoriativa.

c) Fase eritematosa.

d) Fase necrótica.

Respuesta correcta: b) Fase escoriativa.

Fase escoriativa: se caracteriza por la aparición de erosión y/o flictena y más tarde coloración grisácea o negruzca que indica la necrosis del tejido subcutáneo, acompañada de dolor local.

24. ¿Quiénes recomiendan la Escala de Braden en la valoración de los riesgos de padecer úlcera de presión?

a) Agency USAE.

b) NURSING.

c) La GNEAUPP (Grupo Nacional para el Estudio y Asesoramiento sobre las Úlceras por Presión).

d) Todas las instituciones anteriores.

Respuesta correcta: c) La GNEAUPP (Grupo Nacional para el Estudio y Asesoramiento sobre las Úlceras por Presión).

Una de las escalas más utilizadas para valorar los riesgos de padecer úlceras por presión es la escala de Braden, de hecho es recomendada por la NIC, NOC y la GNEAUPP (Grupo Nacional para el Estudio y Asesoramiento sobre las Úlceras por Presión).

25. ¿Por debajo de qué valor en la Escala de Braden existe alto riesgo de úlcera por presión? Por debajo de...

a) 20.
b) 17.
c) 13.
d) 9.

Respuesta correcta: c) 13.

– Puntuación menor de 13 puntos = alto riesgo.

– 13-14 puntos = riesgo moderado.

– Mayor de 14 puntos = riesgo bajo.

Solución al test n.º 17

1. c) Su prevención.

2. a) En personas encamadas.

3. a) Parálisis.

4. a) El colchón o asiento sobre el que reposa el enfermo y por otro la superficie ósea del paciente.

5. a) Enfermos psiquiátricos sometidos a fuertes dosis de sedantes.

6. c) Dos a tres horas.

7. a) La tuberosidad isquiática.

8. c) Iatrogénicas.

9. b) Sujeciones mecánicas.

10. a) Estadio I.

11. d) Fase necrótica.

12. a) Estadio 0.

13. c) 5.

14. d) 1.

15. c) 13.

16. a) Percepción sensorial (capacidad para reaccionar ante una molestia relacionada con la presión).

17. d) 6.

18. c) Una planificación de los cuidados de enfermería basada en la continuidad sistemática de los mismos.

19. a) Cada 2-3 horas.

20. d) Si la zona aún no tiene enrojecimiento (eritema).

Anatomofisiología del aparato cardiocirculatorio. Principales Patologías

1. El paso de agua desde el compartimento vascular al compartimento tisular da lugar a la formación del líquido:

a) Intravascular.
b) Intersticial.
c) Intracelular.
d) Plasmático.

2. ¿En qué cavidad más específicamente está el corazón?

a) Cavidad pleural.
b) Cavidad cardíaca.
c) Cavidad mediastínica.
d) Cavidad pleurocardíaca.

3. ¿Cuántas cavidades posee el corazón?

a) 3.
b) 4.
c) 5.
d) 6.

4. ¿Qué afirmación es incorrecta a nivel anatómico?

a) La aurícula derecha se comunica con el ventrículo derecho.
b) La aurícula izquierda se comunica con el ventrículo izquierdo.
c) El ventrículo derecho se comunica con el ventrículo izquierdo.
d) El ventrículo izquierdo se comunica con la aorta.

5. El seno coronario recoge sangre de:

a) Las arterias coronarias.
b) Las venas coronarias.
c) La cava superior.
d) La carótida común.

6. ¿Qué estructura del corazón le confiere su naturaleza muscular?

a) Miocardio.
b) Pericardio.
c) Endocardio.
d) Epicardio.

7. El nódulo auriculoventricular es el:

a) Nódulo de Keith- Flask.
b) Nódulo de Tawara (o Aschoff Tawara).
c) Nódulo o fascículo de His.
d) Nódulo de Purkinje.

8. ¿Qué arteria irriga el antebrazo?

a) Arteria Subclavia.
b) Arteria Humeral.
c) Arteria Cubital.
d) Arteria Basílica.

9. ¿Cómo se denomina la diferencia existente entre la presión sistólica y diastólica arterial?

a) Presión venosa.
b) Presión diferencial o de pulso.
c) Presión macromicroscópica.
d) Nada de lo anterior es cierto.

10. ¿Qué cierre valvular origina el segundo ruido cardíaco?

a) De las válvulas mitral y tricúspide.
b) De las válvulas tricúspide y sigmoidea pulmonar.
c) De las válvulas mitral y sigmoidea aórtica.
d) De las válvulas sigmoidea pulmonar y sigmoidea aórtica.

11. ¿En qué cuadros desaparecen las ondas P del ECG?

a) Fibrilación auricular y flúter auricular.
b) Insuficiencia cardíaca derecha y flúter auricular.

c) Insuficiencia cardíaca izquierda y fibrilación auricular.
d) No desaparecen en ningún caso.

12. La carga de esfuerzo en la prueba de ergometría cardíaca se expresa en:

a) PETS.
b) Voltios de esfuerzo.
c) METS.
d) Son ciertas las respuestas b) y c).

13. ¿Qué prueba de imagen médica de medicina nuclear es la más empleada en Cardiología?

a) Ventriculografía de reposo.
b) Ventriculografía de un paso.
c) SPECT cardíaco.
d) PET cardíaco.

14. ¿Cómo debe estar un enfermo con insuficiencia cardíaca en la cama, especialmente si es izquierda?

a) Decúbito lateral derecho.
b) Decúbito supino pero con un ángulo de al menos 45º.
c) Decúbito prono.
d) Decúbito supino.

15. A nivel diastólico existe hipertensión arterial (según la OMS), si la presión arterial mínima está igual o por encima de:

a) 80 mm de Hg.
b) 85 mm de Hg.
c) 90 mm de Hg.
d) 95 mm de Hg.

16. ¿Cómo se denomina la primera lesión que se da en la aterosclerosis?

a) Estría grasa.
b) Placa fibrosa.
c) Trombo.
d) Úlcera.

17. ¿Qué precursor celular eritrocitario es justo anterior al eritrocito?

a) Proeritroblasto.
b) Eritroblasto.

c) Normoblasto.
d) Reticulocito.

18. ¿Cuál es prácticamente el único combustible usado por el hematíe?

a) Hemoglobina.
b) ATP.
c) Glucosa.
d) Oxígeno.

19. ¿Qué valor sanguíneo no es de la serie roja?

a) CHCM.
b) Leucocitos.
c) VCM.
d) Recuento de reticulocitos.

20. ¿Qué valor de la fórmula leucocitaria es de estos el de mayor porcentaje?

a) Neutrófilos segmentados.
b) Linfocitos.
c) Neutrófilos no segmentados.
d) Monocitos.

En MADTEST tienes **125 preguntas más de este tema, comentadas y argumentadas**, y elaboradas por empleados de las Administraciones Públicas teniendo en cuenta los últimos exámenes oficiales. Logra tu plaza con MADTEST: Test de calidad.

¡Supera tus límites con MADTEST!

A continuación te presentamos algunos ejemplos de preguntas comentadas:

21. ¿Qué estructura del sistema cardiocirculatorio actúa como bomba?

a) Corazón.
b) Arterias.
c) Venas.
d) Son ciertas las respuestas a) y b).

Respuesta correcta: a) Corazón.

El corazón es una bomba aspirante e impelente que bombea la sangre, poniéndola en movimiento a través de los vasos sanguíneos.

22. ¿Qué cantidad de líquido seroso (en ml) existe entre ambas paredes pericárdicas que evita los rozamientos del corazón?

a) Ninguna.
b) 30-50.
c) 55- 75.
d) 75- 100.

Respuesta correcta: b) 30-50.

En anatomía, la cavidad pericárdica es el espacio que queda entre la hoja visceral del pericardio y la hoja parietal de este mismo. Se encuentra revestida por el mesotelio de ambas hojas. En su interior se aloja el líquido pericárdico (25-50 ml aproximadamente).

23. La capa más exterior de un vaso sanguíneo es:

a) La muscular.
b) La adventicia.
c) La íntima.
d) El endotelio.

Respuesta correcta: b) La adventicia.

La estructura del sistema cardiovascular es repetitivo y consiste en la disposición concéntrica de tres capas de diferentes variedades de los cuatro tejidos básicos, que son las siguientes:
– Túnica íntima: es la capa interna.
– Túnica media.
– Túnica adventicia: es la capa más externa, con fibras de colágeno y fibras elásticas.

24. ¿Qué válvulas de estas evitan el reflujo de sangre desde ventrículos a aurículas?

a) Mitral y tricúspide.
b) Tricúspide y sigmoidea pulmonar.
c) Mitral y sigmoidea aórtica.
d) Sigmoidea pulmonar y sigmoidea aórtica.

Respuesta correcta: a) Mitral y tricúspide.

Las válvulas auriculoventriculares (tricúspide y mitral) evitan el reflujo de sangre desde los ventrículos a las aurículas durante la sístole ventricular.

25. ¿Cómo se denomina el registro a lo largo de un periodo prolongado de tiempo del electrocardiograma mediante un dispositivo portátil con capacidad de almacenamiento?

a) ECG de larga duración.
b) Pulxiometría.
c) Holter.
d) Ergometría ECG.

Respuesta correcta: c) Holter.
El **Holter** es un dispositivo electrónico de pequeño tamaño que registra y almacena el electrocardiograma del paciente durante al menos 24 horas de forma ambulatoria (en el domicilio, sin necesidad de llevarlo a cabo en el hospital). Suele emplearse en pacientes con sospecha de arritmia cardiaca o para diagnosticar una isquemia (falta de riego sanguíneo) del músculo cardiaco.

Solución al test n.º 18

1. b) Intersticial.

2. c) Cavidad mediastínica.

3. b) 4.

4. c) El ventrículo derecho se comunica con el ventrículo izquierdo.

5. b) Las venas coronarias.

6. a) Miocardio.

7. b) Nódulo de Tawara (o Aschoff Tawara).

8. c) Arteria Cubital.

9. b) Presión diferencial o de pulso.

10. d) De las válvulas sigmoidea pulmonar y sigmoidea aórtica.

11. a) Fibrilación auricular y flúter auricular.

12. c) METS.

13. c) SPECT cardíaco.

14. b) Decúbito supino pero con un ángulo de al menos 45º.

15. c) 90 mm de Hg.

16. a) Estría grasa.

17. d) Reticulocito.

18. c) Glucosa.

19. b) Leucocitos.

20. a) Neutrófilos segmentados.

TEST N.º 19

Aparato respiratorio

1. ¿Qué tipo de epitelio posee la capa mucosa que tapiza las fosas nasales?

a) Cúbico.
b) Plano.
c) Cilíndrico ciliado.
d) Cilíndrico sin cilios.

2. ¿Cuánto mide aproximadamente la faringe en cm?

a) 4.
b) 8.
c) 12.
d) 2.

3. ¿Dónde está la epiglotis?

a) En la faringe.
b) En la laringe.
c) En la tráquea.
d) En el esófago.

4. ¿Cómo se denominan las estructuras tubulares bronquiales que no poseen anillos cartilaginosos?

a) Bronquios principales.
b) Bronquios primarios.
c) Bronquiolos.
d) Bronquios secundarios.

5. ¿Cómo se denominan las estructuras bronquiales extrapulmonares?

a) Bronquios principales.
b) Bronquios terciarios.

c) Bronquiolos.
d) Bronquios secundarios.

6. ¿Cómo se denomina la capa muy fina que envuelve los pulmones?

a) Pleura.
b) Mediastino.
c) Hilios.
d) Alveolos.

7. ¿Qué tipo de mecanismo se emplea en el intercambio de gases a nivel alveolocapilar en pulmones?

a) Difusión simple o difusión.
b) Transporte activo.
c) Pinocitosis.
d) Fagocitosis.

8. ¿Qué es falso de la circulación menor?

a) En ella hay dos venas pulmonares que van a aurícula derecha.
b) La sangre arterial circula por las venas pulmonares.
c) La sangre que transportan las arterias pulmonares está cargada de dióxido de carbono y empobrecida en oxígeno.
d) La hematosis es el fenómeno de intercambio de gases a nivel alveolocapilar.

9. ¿Cuánto volumen de aire entra en una inspiración normal en nuestros pulmones?

a) Cuarto de litro.
b) Medio litro.
c) Un litro.
d) Cinco litros.

10. ¿Qué circunstancia se da cuando la saturación de oxígeno en sangre unido a hemoglobina es del 80 %?

a) De saturación grave.
b) De saturación moderada.
c) De saturación leve.
d) No existe desaturación.

11. Se define bronquitis crónica cuando hipersecreción de moco y la tos productiva crónica recurrente durante un mínimo de:

a) Tres meses al año en dos años consecutivos.
b) Tres meses al año en tres años consecutivos.

c) Dos meses al año en tres años consecutivos.

d) Dos meses al año en dos años consecutivos.

12. ¿A qué se denomina cambios destructivos de las paredes alveolares y agrandamiento de espacios aéreos distales a los bronquios terminales, no respiratorios de forma irreversible?

a) Bronquiectasia.

b) Enflsema.

c) Bronquitis.

d) EPOC.

13. Las bronquitis agudas son más frecuentes en:

a) Niños y ancianos.

b) Mujeres embarazadas y ancianos.

c) Niños y adultos fumadores.

d) Ancianos y adultos no fumadores.

14. ¿Qué disnea es típica del asma bronquial?

a) Disnea paroxística.

b) Disnea espiratoria.

c) Disnea diurna.

d) Disnea de decúbito.

15. ¿Cuál es la causa más frecuente de un neumotórax espontaneo secundario?

a) EPOC.

b) Traumatismo.

c) Cirugía torácica.

d) Catamenial.

16. ¿Cómo se denominan los respiradores que permiten regular solamente la presión de insuflación y exigen una estrecha vigilancia del paciente?

a) Respiradores automáticos.

b) Respiradores de volumen.

c) Respiradores semiautomáticos.

d) Respiradores de presión.

17. ¿Qué intubación endotraqueal es la más empleada en la práctica?

a) Intubación orotraqueal.

b) Intubación nasotraqueal.

c) Intubación con transiluminación.
d) Intubación laringotraqueal.

18. ¿Cómo se denomina aquel trastorno qué aparece en la hipoventilación alveolar y se caracteriza por una PaCO$_2$ elevada y un pH bajo?

a) Acidosis respiratoria.
b) Alcalosis respiratoria.
c) Acidosis metabólica.
d) Alcalosis metabólica.

19. ¿Qué se denomina por fallo del sistema respiratorio en una o en ambas de las funciones de intercambio gaseoso: la oxigenación de la sangre arterial y la eliminación del anhídrido carbónico?

a) Insuficiencia respiratoria.
b) EPOC.
c) Enfisema.
d) Atelectasia.

20. ¿Qué tipo de dispositivo se usa específicamente para suministrar oxígeno humidificado y calentado en pacientes con insuficiencia respiratoria aguda?

a) Concentradores de oxígeno portátiles.
b) Mascarillas de alto flujo.
c) Sistemas de oxígeno transnasal.
d) Dispositivos de conservación de oxígeno.

En MADTEST tienes **139 preguntas más de este tema, comentadas y argumentadas,** y elaboradas por empleados de las Administraciones Públicas teniendo en cuenta los últimos exámenes oficiales. Logra tu plaza con MADTEST: Test de calidad.

¡Supera tus límites con MADTEST!

A continuación te presentamos algunos ejemplos de preguntas comentadas:

21. Todo lo que se dice de la respiración es cierto, excepto que:

a) En la respiración se aspira aire.
b) El aparato respiratorio está constituido por las llamadas vías respiratorias y por los pulmones. El conjunto de todas estas estructuras constituye la anatomía del aparato respiratorio.

c) En la respiración se expelen gases al aire.

d) Las vías respiratorias están a su vez formadas por las fosas nasales, faringe, laringe, tráquea, bronquios principales y pulmones.

Respuesta correcta: d) Las vías respiratorias están a su vez formadas por las fosas nasales, faringe, laringe, tráquea, bronquios principales y pulmones.

Las vías respiratorias están a su vez formadas por las fosas nasales, faringe, laringe, tráquea y bronquios principales.

22. ¿Cuál es el principal músculo respiratorio?

a) Los pectorales mayores.
b) Los pectorales menores.
c) El diafragma.
d) Son ciertas las respuestas a) y b).

Respuesta correcta: c) El diafragma.

El diafragma es un tejido músculo tendinoso encargado de la respiración. Cuando se inhala, el diafragma se contrae y el espacio disponible en la cavidad torácica se agranda. Los músculos externos intercostales también ayudan a agrandar la cavidad torácica, permitiendo que el aire entre a los pulmones. Es el músculo más importante de la respiración.

23. ¿Cuál es la capacidad pulmonar total aproximadamente (en litros) en un adulto sano?

a) 3.
b) 4.
c) 6.
d) 8.

Respuesta correcta: c) 6.

Capacidad pulmonar total (CPT): es el volumen de aire que hay en el aparato respiratorio, después de una inhalación máxima voluntaria. Corresponde a aproximadamente a 6 litros de aire. Es el máximo volumen al que pueden expandirse los pulmones con el máximo esfuerzo posible (aproximadamente 5.800 ml).
CPT = VC + VRI + VRE + VR

24. ¿Qué germen causa la tuberculosis?

a) El bacilo de Koch.
b) El *Mycobacterium tuberculosis*.
c) El bacilo de Hansen.
d) Son ciertas las respuestas a) y b).

Respuesta correcta: d) Son ciertas las respuestas a) y b).

Mycobacterium tuberculosis es una bacteria aerobia estricta patógena responsable de la mayor cantidad de casos de tuberculosis en el mundo. Quien la describió por primera vez, fue Robert Koch de ahí el *sobrenomb*re de esta bacteria: «bacilo de Koch», a quien posteriormente (en 1905) se le otorgó el premio Nobel de Fisiología o Medicina.

25. ¿Qué nivel alcanza la disnea (Escala de Sadoul) cuando aparece la disnea en la marcha en llano lenta, esto es, que el sujeto solo es capaz de marchar lentamente?

a) Nivel 2.
b) Nivel 3.
c) Nivel 4.
d) Nivel 5.

Respuesta correcta: c) Nivel 4.

Utilizando la Escala de Sadoul valoraremos los grados de la disnea:
– Nivel 1: aparece la disnea al realizar esfuerzos importantes o al subir hasta un segundo piso o más.
– Nivel 2: aparece la disnea al subir pendientes o al subir un piso.
– Nivel 3: aparece la disnea al marchar rápido por terreno llano.
– Nivel 4: aparece la disnea en la marcha en llano lenta, el sujeto solo es capaz de marchar lentamente.
– Nivel 5: aparece la disnea al menor esfuerzo (hablar, afeitarse...).

Solución al test n.º 19

1. c) Cilíndrico ciliado.

2. c) 12.

3. b) En la laringe.

4. c) Bronquiolos.

5. a) Bronquios principales.

6. a) Pleura.

7. a) Difusión simple o difusión.

8. a) En ella hay dos venas pulmonares que van a aurícula derecha.

9. b) Medio litro.

10. a) De saturación grave.

11. a) Tres meses al año en dos años consecutivos.

12. b) Enfisema.

13. c) Niños y adultos fumadores.

14. a) Disnea paroxística.

15. a) EPOC.

16. d) Respiradores de presión.

17. a) Intubación orotraqueal.

18. a) Acidosis respiratoria.

19. a) Insuficiencia respiratoria.

20. b) Mascarillas de alto flujo.

TEST N.º 20

Aparato digestivo

1. ¿Qué huesos de la cabeza intervienen en la formación del paladar duro?

a) Palatinos y maxilares.
b) Cigomáticos y maxilares.
c) Cigomáticos y palatinos.
d) Unguis y palatinos.

2. ¿Qué papilas linguales de estas no son gustativas?

a) Caliciformes.
b) Filiformes.
c) Fungiformes.
d) Todas son gustativas.

3. ¿Qué músculo forma el esfínter esofágico superior?

a) El músculo hioideofaríngeo.
b) El músculo tirocricoideo.
c) El músculo cricofaríngeo.
d) Ninguno de los anteriores.

4. ¿Cuál es el conducto de salida de la saliva a la boca de las glándulas parótidas?

a) Conducto de Stenon.
b) Conducto de Warton.
c) Conducto de Rivinus.
d) Conducto de Walter.

5. Sinónimo de ptialismo es:

a) Sialonco.
b) Sialorrea.

c) Sialosquesis.
d) Sialodoquitis.

6. El peso del hígado (en gramos) de un adulto está en torno a los:

a) 950.
b) 1200.
c) 1500.
d) 2500.

7. ¿Cuál es la víscera más voluminosa de nuestro cuerpo?

a) Páncreas.
b) Hígado.
c) Estómago.
d) Tiroides.

8. ¿Cómo se denomina el paso del bolo de faringe a esófago?

a) Tragación.
b) Masticación.
c) Maceración.
d) Deglución.

9. ¿En qué zona del intestino delgado se absorbe más sodio?

a) En el duodeno.
b) En el íleon.
c) En el yeyuno.
d) En el ciego.

10. Las pequeñas hemorragias en un estoma se producen:

a) Por déficit de vitamina K.
b) Por déficit de hierro.
c) Por infecciones recidivantes del estoma y poca higiene local del mismo.
d) Por pequeños traumatismos al limpiar el estoma.

11. ¿Cuál es la causa más frecuente de varices esofágicas?

a) Cirrosis hepática evolucionada.
b) Pancreatitis.
c) Colecistitis.
d) Gastritis erosiva.

12. ¿Qué es falso de las úlceras de duodeno?

a) Son más frecuentes que las gástricas.
b) Afectan más a personas menores de 50 años.
c) Da dolor epigástrico que aumenta de intensidad con la ingesta de alimentos.
d) El dolor mejora con antiácidos.

13. ¿Qué enfermedad es muy parecida a la colitis ulcerosa, pero además del colon afecta a más zonas del tubo digestivo?

a) Colitis funcional.
b) Colon irritable.
c) Enfermedad de Crohn.
d) Enfermedad de Brooke.

14. Respecto al sangrado de las hemorroides externas diremos que:

a) Sangran durante la defecación.
b) Las heces son negras (melenas).
c) Raramente sangran.
d) Nunca, si se dan, son de color rojo brillante.

15. ¿Dónde se localiza el apéndice, susceptible de afectarse ocasionando una urgencia quirúrgica denominada apendicitis aguda?

a) Se localiza en recto.
b) Se localiza en sigma.
c) Se localiza en colon.
d) Se localiza en ciego.

16. ¿Qué modalidad de hepatitis vírica actúa produciendo coinfección con la hepatitis vírica B?

a) A.
b) D.
c) E.
d) C.

17. ¿Cómo se denomina la presencia de cálculos en el colédoco por migración de la vesícula?

a) Colelitiasis.
b) Colecistitis.
c) Colangiosis.
d) Coledocolitiasis.

18. ¿Qué forma clínica de pancreatitis es aquella que se refiere a alteraciones pancreáticas irreversibles que dan síntomas de forma continuada y progresiva?

a) Pancreatitis aguda.
b) Pancreatitis recidivante.
c) Pancreatitis crónica.
d) Ninguna de las anteriores.

19. Las heces acólicas generalmente informan de:

a) Obstrucción biliar, sin secreción de bilis.
b) Hemorragia en tracto intestinal inferior.
c) Infección intestinal.
d) Hemorragia en tracto intestinal superior.

20. ¿Qué volumen poseerá la jeringa de alimentación que se emplea en sondaje nasogástrico?

a) Jeringa de alimentación de 5 a 10 ml.
b) Jeringa de alimentación de 10 a 25 ml.
c) Jeringa de alimentación de 50 a 100 ml.
d) Jeringa de alimentación de 150 a 300 ml.

En MADTEST tienes **100 preguntas más de este tema, comentadas y argumentadas**, y elaboradas por empleados de las Administraciones Públicas teniendo en cuenta los últimos exámenes oficiales. Logra tu plaza con MADTEST: Test de calidad.

¡Supera tus límites con MADTEST!

A continuación te presentamos algunos ejemplos de preguntas comentadas:

21. El tubo digestivo tiene una longitud aproximada de:

a) 5 a 7,5 m.
b) 7 a 10 m.
c) 10 a 12 m.
d) 14 a 18 m.

Respuesta correcta: c) 10 a 12 m.

El **tubo digestivo**, llamado también conducto alimentario comienza en la boca y se extiende hasta el ano. Su longitud en el hombre es de 10 a 12 metros, siendo seis o siete veces la longitud total del cuerpo.

22. ¿Qué produce las ulceraciones del estoma?

a) La aplicación sucesiva de las bolsas.
b) El uso inadecuado del dispositivo recolector.
c) Una alteración de la circulación de la sangre en la zona.
d) La progresión del tumor maligno.

Respuesta correcta: b) El uso inadecuado del dispositivo recolector.

Ulceración del estoma. Está provocada por el uso inadecuado del dispositivo recolector.

23. ¿Qué compuesto es el mayoritario en las heces (masa fecal) en condiciones normales?

a) Fibra.
b) Grasa.
c) Proteína.
d) Agua.

Respuesta correcta: d) Agua.

Las heces están compuestas por agua (70 %), grasa (5 %), fibras (celulosa), proteínas (1 %), sales biliares, restos de mucosa, estercobilina, etc.

24. Las dilataciones del plexo venoso por fuera del esfínter anal son generalmente:

a) Hemorroides externas.
b) Hemorroides internas.
c) Hemorroide centinela.
d) Trombosis hemorroidal.

Respuesta correcta: a) Hemorroides externas.

Las hemorroides externas son las que se producen alrededor del ano y que, con frecuencia, acompañan a las hemorroides internas o a otros procesos como la fisura anal.

25. ¿En qué zona de la pared abdominal duele cuando existe cólico hepático?

a) Epigastrio.
b) Mesogastrio.
c) Hipocondrio derecho.
d) Hipocondrio izquierdo.

Respuesta correcta: c) Hipocondrio derecho.

El cólico hepático se identifica con dolor de aparición repentina, con frecuencia por la noche, de tipo espasmódico, que se localiza en el cuadrante superior derecho del abdomen, normalmente asociado al paso de cálculos biliares a través de las vías biliares. También puede causarlo una inflamación sin cálculos.

Solución al test n.º 20

1. a) Palatinos y maxilares.

2. d) Todas son gustativas.

3. c) El músculo cricofaríngeo.

4. a) Conducto de Stenon.

5. b) Sialorrea.

6. c) 1500.

7. b) Hígado.

8. d) Deglución.

9. c) En el yeyuno.

10. d) Por pequeños traumatismos al limpiar el estoma.

11. a) Cirrosis hepática evolucionada.

12. c) Da dolor epigástrico que aumenta de intensidad con la ingesta de alimentos.

13. c) Enfermedad de Crohn.

14. c) Raramente sangran.

15. d) Se localiza en ciego.

16. b) D.

17. d) Coledocolitiasis.

18. c) Pancreatitis crónica.

19. a) Obstrucción biliar, sin secreción de bilis.

20. c) Jeringa de alimentación de 50 a 100 ml.

Aparato urinario

1. El transporte de la orina desde los riñones a la vejiga urinaria se realiza mediante:

a) Los riñones.
b) Los uréteres.
c) Las glándulas suprarrenales.
d) La uretra.

2. ¿Qué hormona renal interviene en el funcionamiento de un sistema regulador de la presión arterial?

a) Eritropoyetina.
b) Renina.
c) Aldosterona.
d) Renopresina.

3. ¿Qué estructuras entran y salen por el hilio renal?

a) Entran la arteria renal y el uréter, y salen la vena renal y el nervio renal.
b) Entran la arteria y el nervio renal, y salen la vena renal y el uréter.
c) Entran la vena y el nervio renal, y salen la arteria renal y el uréter.
d) Entran la vena renal y el uréter, y salen la arteria renal y el nervio renal.

4. La uretra comienza en la vejiga urinaria en:

a) Su cara posterior.
b) Su vértice superior.
c) Sus caras laterales.
d) Su vértice inferior.

5. ¿En qué uretra de estas está en el pene?

a) Uretra prostática.
b) Uretra membranosa.

c) Uretra cavernosa.
d) La uretra no llega al pene.

6. ¿Cuántos litros se filtran al día en los riñones aproximadamente?

a) 90.
b) 180.
c) 280.
d) 800.

7. ¿Qué hormona interviene con su presencia en una menor cantidad de orina por aumento en la reabsorción de agua?

a) Aldosterona.
b) ADH.
c) Renina.
d) DHA.

8. ¿Cómo se denomina el volumen de orina diario?

a) Poliuria.
b) Voliuria.
c) Enuresis.
d) Diuresis.

9. Si la emisión de orina es inferior a 500 ml diarios tendremos un caso de:

a) Poliuria.
b) Anuria.
c) Polaquiuria.
d) Oliguria.

10. Si orino muchas veces al día (aunque sea poco volumen) tengo una:

a) Poliuria.
b) Disuria.
c) Enuresis.
d) Polaquiuria.

11. ¿Qué aspecto de los que se nombran presentará la orina con hepatitis vírica activa (ictericia)?

a) Amarillo oscuro.
b) Coluria.
c) Amarillo pálido.
d) Rojiza (hematuria).

12. ¿En qué circunstancias está indicada la hemofiltración?

a) En pacientes con insuficiencia renal oligúrica.
b) En pacientes con colitis ulcerosa.
c) En pacientes con insuficiencia renal poliúrica.
d) En pacientes con enfermedad de Crohn.

13. ¿Qué tipo de incontinencia urinaria es la más frecuente?

a) Incontinencia de esfuerzo o estrés.
b) Incontinencia de urgencia.
c) Incontinencia neurológica.
d) Incontinencia paradójica.

14. ¿Qué cálculos cálcicos son los más frecuentes en las litiasis renales?

a) Cálculos de cistina.
b) Cálculos de uratos.
c) Cálculos de oxalatos.
d) Cálculos de xantina.

15. ¿Cómo se denomina la segunda fase de una insuficiencia renal aguda?

a) Oligúrica.
b) Anúrica.
c) Diurética.
d) De recuperación.

16. La cantidad de orina que permanece en la vejiga después de evacuar se denomina:

a) Diuresis residual.
b) Orina de almacenamiento vesical.
c) Orina residual.
d) Orina retenida.

17. Las sondas vesicales de lavado continuo son las sondas de:

a) Malecot.
b) Pezzet.
c) Foley.
d) Robinson.

18. Las sondas vesicales a nivel de calibre se numeran de dos en dos, yendo sus valores, las pequeñas desde un valor par menor y las grandes de un valor par mayor, que son de:

a) 4 a 12.
b) 6 a 16.

c) 6 a 24.
d) 12 a 28.

19. Las sondas de Foley son:

a) Blandas.
b) Duras.
c) Rígidas.
d) Semirrígidas.

20. ¿Qué cantidad de agua destilada (en cc) hay que meter en el balón del que va provisto la sonda vesical en su extremo distal, una vez se ha introducido el catéter en la vejiga del varón?

a) 1.
b) 5.
c) 10.
d) 20.

En MADTEST tienes **110 preguntas más de este tema, comentadas y argumentadas**, y elaboradas por empleados de las Administraciones Públicas teniendo en cuenta los últimos exámenes oficiales. Logra tu plaza con MADTEST: Test de calidad.

¡Supera tus límites con MADTEST!

A continuación te presentamos algunos ejemplos de preguntas comentadas:

21. ¿Qué mecanismo emplean los riñones para limpiar la sangre de sustancias de desechos?

a) Difusión simple.
b) Precipitación.
c) Reabsorción.
d) Filtración glomerular.

Respuesta correcta: d) Filtración glomerular.

La filtración glomerular es el proceso por el cual los riñones filtran la sangre, eliminando el exceso de desechos y líquidos.

22. El compuesto mayoritario de la orina es:

a) Urea.
b) Creatinina.

c) Oxalatos.
d) Agua.

Respuesta correcta: d) Agua.

La orina normal contiene un 95 % de agua, un 2 % de sales minerales y 3 % de urea y ácido úrico, y aproximadamente 20 g de urea por litro. Cerca de la mitad de los sólidos son urea, el principal producto de degradación del metabolismo de las proteínas. El resto incluye nitrógeno, cloruros, cetosteroides, fósforo, amonio, creatinina y ácido úrico.

23. Existe leucocituria si las cifras de glóbulos blancos en orina por mm³ superan los:

a) 1000 leucocitos.
b) 2500 leucocitos.
c) 5000 leucocitos.
d) 8000 leucocitos.

Respuesta correcta: c) 5000 leucocitos.

La leucocituria es el hallazgo en la orina de leucocitos en cuantía superior a 5 por campo o 5.000 leucocitos por minuto.

24. El aumento anormal de la concentración sanguínea en los productos de desecho nitrogenados se denomina:

a) Azoemia.
b) Acreatinemia.
c) Lipasemia.
d) Uricemia.

Respuesta correcta: a) Azoemia.

La azotemia (o azoemia) es una condición clínica caracterizada por los niveles anormalmente altos de compuestos nitrogenados en la sangre, tales como la urea, creatinina, desperdicios del metabolismo celular, y varios otros compuestos ricos en nitrógeno.

25. Las sondas de dos vías de silicona se pueden cambiar hasta:

a) Los 3 días.
b) Los 15 días.
c) Las 3 semanas.
d) Mas de un mes.

Respuesta correcta: d) Mas de un mes.

Las sondas de Foley se cambian cada 7-15 días y las de silicona pueden permanecer puestas más de un mes.

Solución al test n.º 21

1. b) Los uréteres.

2. b) Renina.

3. b) Entran la arteria y el nervio renal, y salen la vena renal y el uréter.

4. d) Su vértice inferior.

5. c) Uretra cavernosa.

6. b) 180.

7. b) ADH.

8. d) Diuresis.

9. d) Oliguria.

10. d) Polaquiuria.

11. b) Coluria.

12. a) En pacientes con insuficiencia renal oligúrica.

13. a) Incontinencia de esfuerzo o estrés.

14. c) Cálculos de oxalatos.

15. c) Diurética.

16. c) Orina residual.

17. c) Foley.

18. c) 6 a 24.

19. a) Blandas.

20. c) 10.

TEST N.º 22

Cuidados de salud de la mujer gestante

1. Mientras no se demuestre lo contrario, toda amenorrea secundaria, incluso premenopáusica ha de valorarse como:

a) Enfermedad grave del embarazo.
b) Enfermedad grave ajena a la gestación.
c) Posible embarazo.
d) Enfermedad endocrina.

2. ¿Qué afirmación es incorrecta sobre la clínica de embarazo?

a) Los signos y síntomas son muy variables.
b) Es muy típico en el embarazo el cansancio y la tensión mamaria.
c) La clínica de embarazo es muy específica.
d) Las náuseas y los vómitos matutinos son habituales que se presenten en la gestación.

3. ¿Qué hormona es la que se detecta en el test de embarazo en orina cuando es positivo?

a) Hormona gonadotropina coriónica humana (HCG).
b) Hormona gonadotropina hipofisaria humana (HHG).
c) Prolactina (P).
d) Hormona folículo estimulante (FSH).

4. ¿Cuánto baja de peso aproximadamente el miometrio por involución una semana después del parto?

a) Una cuarta parte.
b) La mitad.
c) Tres cuartas partes.
d) El 90 %.

5. La prueba denominada test de O´Sullivan, típico en gestación, cuando da positivo se realiza a la embarazada el test llamado:

a) Tolerancia al gluten.
b) Coombs.
c) Toxoplasmosis.
d) Tolerancia oral a la glucosa.

6. ¿En qué semanas de gestación se realizará la ecografía donde se hace un estudio detallado valorando el crecimiento fetal, y descartando un retraso en el crecimiento?

a) En las semanas 8-10.
b) En las semanas 12-16.
c) En las semanas 16-22.
d) En las semanas 32-34.

7. ¿Qué circunstancia no es muy probable que se dé por el embarazo?

a) Pirosis.
b) Diarreas.
c) Hemorroides.
d) Estreñimiento.

8. ¿Cuál es el consumo diario de proteínas recomendado en gestante?

a) 0,5 g por kg de peso.
b) 1 g por kg de peso.
c) 1,5 g por kg de peso.
d) 2,5 g por kg de peso.

9. ¿Cuánto se debe consumir aproximadamente de hierro en todo el embarazo (en mg)?

a) 300.
b) 500.
c) 800.
d) 2500.

10. ¿Qué patología se previene con el consumo de yodo durante el embarazo?

a) Hipertiroidismo.
b) Enfermedad de Graves-Basedow.
c) Bocio.
d) Ninguno de los anteriores.

11. ¿Cuántas veces se recomienda bañarse a la gestante?

a) 1 vez al día.
b) 1 vez cada dos días.
c) 1 vez cada tres días.
d) 1 vez a la semana.

12. ¿Cómo se llama el parto qué ocurre a la 37 semana?

a) Parto a término.
b) Parto prematuro.
c) Parto pretérmino.
d) Parto postérmino.

13. El aborto se produce si finaliza la gestación antes de la semana:

a) 42.
b) 35.
c) 22.
d) 25.

14. ¿Cuántas fases bien diferenciadas existen en el parto?

a) 5.
b) 4.
c) 3.
d) 2.

15. El borramiento del cuello uterino produce:

a) El final de la dilatación del cuello.
b) La formación del canal del parto.
c) El inicio del alumbramiento.
d) Nada de lo anterior es cierto.

16. El periodo expulsivo se inicia en el momento en que la dilatación del orificio cervical uterino es completa, que es en cm con:

a) 5-6.
b) 7-8.
c) 10-12.
d) 20-36.

17. Con el alumbramiento se expulsa:

a) El recién nacido.
b) El líquido amniótico y el recién nacido.

c) La placenta y sus anejos (membranas…).

d) El líquido amniótico, el recién nacido y la placenta y sus anejos (membranas…).

18. ¿Cómo se denominan las pérdidas que fluyen por los genitales externos durante el puerperio?

a) Menorragias.

b) Dismenorreas.

c) Loquios.

d) Entuertos.

19. Las contracciones uterinas dolorosas propias del puerperio se denominan:

a) Contracciones de bruja.

b) Dismenorreas.

c) Loquios.

d) Entuertos.

20. ¿Cuánto debe durar aproximadamente el amamantar al bebe en cada pecho?

a) Más de 30 minutos.

b) Entre 20 a 30 minutos.

c) Entre 15 a 20 minutos.

d) Entre 10 a 15 minutos.

En MADTEST tienes **93 preguntas más de este tema, comentadas y argumentadas**, y elaboradas por empleados de las Administraciones Públicas teniendo en cuenta los últimos exámenes oficiales. Logra tu plaza con MADTEST: Test de calidad.

¡Supera tus límites con MADTEST!

A continuación te presentamos algunos ejemplos de preguntas comentadas:

21. ¿Cuál es el método de diagnóstico de embarazo más frecuente utilizado?

a) Test de embarazo en saliva.

b) Test de embarazo en orina.

c) Test de embarazo coriónico o amniótico.

d) Test de embarazo en sudor.

Respuesta correcta: b) Test de embarazo en orina.

El método diagnóstico de gestación más frecuentemente utilizado se basa en la detección de gonadotropina coriónica humana (hCG) en orina o en sangre.

22. ¿Qué hormona durante la lactancia impide la ovulación?

a) LH.
b) Prolactina.
c) Progesterona.
d) Estrógenos.

Respuesta correcta: b) Prolactina.

Los altos niveles de prolactina impiden que se produzca la ovulación, mientras que el descenso de la misma puede dar lugar a que se produzca la ovulación, por lo que las madres deben estar alerta ante la posibilidad de concepción aun en período de lactancia.

23. La presencia de sangrado en dientes en embarazada sana, indica la posible carencia de vitamina:

a) A.
b) D.
c) Tiamina.
d) C.

Respuesta correcta: d) C.

La gingivitis es una patología muy frecuente. Algunos de los factores que pueden aumentar su riesgo, además de una higiene deficiente, están relacionados con el hábito tabáquico, una alimentación deficitaria (falta de vitamina C), enfermedades sistémicas y/o tratamientos que afecten al sistema inmune, determinados fármacos, el estrés o cambios hormonales como se da en el embarazo.

24. ¿Qué circunstancias de estas no es correcta en relación con las influencias sobre cambios psicológicos que le ocasiona a la mujer por el hecho del puerperio?

a) Los cambios hormonales alteran el humor.
b) Si el niño era o no deseado alteran psicológicamente a la puérpera.
c) No influyen aquellas derivadas de la responsabilidad que supone tener un hijo.
d) Aquellas que se producen por los cambios que produce en la familia.

Respuesta correcta: c) No influyen aquellas derivadas de la responsabilidad que supone tener un hijo.

Entre los cambios psicológicos (cambios de humor) que se producen a raíz del nacimiento de un niño hay que tener en cuenta los siguientes aspectos: Si el niño nacido era o no deseado por sus padres, experiencias previas: como hija y como madre, si no es primigrávida, relación afectiva en el matrimonio y funcionamiento como pareja, personalidad de la madre, características del recién nacido, cambios hormonales, etc

25. ¿En qué fase del parto las contracciones uterinas adquieren su máxima frecuencia, duración e intensidad?

a) Fase de Inicio.
b) Fase de Dilatación.
c) Fase de Expulsión.
d) Fase de Alumbramiento.

Respuesta correcta: c) Fase de Expulsión.

En la fase de expulsión las contracciones son más fuertes y duraderas, pudiendo llegar a 70 mmHg de intensidad.

Solución al test n.º 22

1. c) Posible embarazo.

2. c) La clínica de embarazo es muy específica.

3. a) Hormona gonadotropina coriónica humana (HCG).

4. b) La mitad.

5. d) Tolerancia oral a la glucosa.

6. d) En las semanas 32-34.

7. b) Diarreas.

8. c) 1,5 g por kg de peso.

9. c) 800.

10. c) Bocio.

11. a) 1 vez al día.

12. a) Parto a término.

13. c) 22.

14. c) 3.

15. b) La formación del canal del parto.

16. c) 10-12.

17. c) La placenta y sus anejos (membranas…).

18. c) Loquios.

19. d) Entuertos.

20. d) Entre 10 a 15 minutos.

Cuidados del recién nacido

1. ¿Cuál de estos niños puede considerarse recién nacido?

a) Si tiene tras parir su madre 27 días de vida.
b) Si tiene tras parir su madre 35 días de vida.
c) Si tiene tras parir su madre 250 días de vida.
d) Si tiene tras parir su madre 1 año de vida.

2. La primera semana de vida comprende el período:

a) Del bebé.
b) Del lactante.
c) Neonatal precoz.
d) Neonatal tardío.

3. ¿Cuál de estos consideras un neonato "a término"?

a) Aquel que nació con 32 semanas de gestación.
b) Aquel que nació con 35 semanas de gestación.
c) Aquel que nació con 38 semanas de gestación.
d) Aquel que nació con 45 semanas de gestación.

4. ¿Cómo se denomina al niño que nace antes de la 37 semana de gestación?

a) Bajo de peso.
b) Pretérmino.
c) Postérmino.
d) Hipomaduro.

5. ¿Cuánto más o menos de estos valores son adecuados para un perímetro cefálico normal a los tres días de nacer?

a) 35 cm.
b) 40 cm.

c) 45 cm.

d) 50 cm.

6. ¿Hasta qué edad el perímetro torácico es menor que el craneal o cefálico?

a) Hasta los seis meses de vida.

b) Hasta los 12 meses de vida.

c) Hasta los 18 meses de vida.

d) Hasta los 24 meses de vida.

7. La fontanela mayor o anterior no se cierra hasta:

a) Los seis meses de vida.

b) Los nueve meses de vida.

c) Los tres meses de vida.

d) Los dieciocho meses de vida.

8. El unto sebáceo es:

a) Lanugo.

b) Vérnix caseoso.

c) Dermatosebo.

d) Problema seborreico que presenta el neonato.

9. El lanugo en el neonato es:

a) Una piel sebácea con vellos gruesos en determinados lugares.

b) Un vello fino que recubre la piel más frecuentemente en frente, mejillas, hombros y espalda.

c) Un vello de mayor grosor y más corto que protege al niño al nacer.

d) Capa sebácea de la piel del neonato.

10. ¿Cuándo se cae normalmente el cordón umbilical?

a) A los 3 días.

b) A la semana.

c) A las 2 semanas.

d) Al mes.

11. ¿Cómo se llaman las primeras deposiciones del recién nacido?

a) Vérmix caseoso.

b) Melena.

c) Mecamnios.

d) Meconio.

12. ¿Qué patologías intentan prevenirse con la prueba del talón?

a) Mucopolisacaridosis I y síndrome de Marfan.
b) Fenilcetonuria e hipertiroidismo.
c) Enfermedad de Morquio e hipertiroidismo.
d) Fenilcetonuria e hipotiroidismo.

13. ¿Qué valoración del recién nacido tendría un niño con un APGAR de 8?

a) Dificultad grave.
b) Dificultad moderada.
c) Dificultad leve.
d) No hay dificultad.

14. Los neonatos prematuros inmaduros son aquellos con un peso inferior a:

a) 3.000 g.
b) 2.500 g.
c) 2.000 g.
d) 1.500 g.

15. ¿Cuál es el ángulo de dorsiflexión del pie de un neonato normal y prematuro respectivamente?

a) Del neonato normal 5º y más de 5º hasta 95º en prematuro.
b) Del neonato normal 10º y más de 10º hasta 180º en prematuro.
c) Del neonato normal 15º y más de 15º hasta 90º en prematuro.
d) Del neonato normal 0º y más de 0º hasta 90º en prematuro.

16. El jabón empleado en el baño debe tener un pH:

a) Levemente ácido.
b) Muy ácido.
c) Neutro.
d) Alcalino.

17. ¿Qué vitamina es más escasa en leche vaca?

a) Complejo B.
b) A.
c) D.
d) Ninguna.

18. ¿Qué cantidad de agua se vierte en el biberón por cada cacito raso de leche en polvo?

a) 10 cc.
b) 20 cc.
c) 30 cc.
d) 40 cc.

19. Todos los componentes que se nombran de una dieta equilibrada lo califican de básico, excepto:

a) Minerales elementales, sales minerales y agua.
b) Proteínas.
c) Hidratos de carbono o azúcares, y lípidos o grasas.
d) Fibras indigeribles.

20. ¿Quiénes van a ser el principal soporte psicológico de los niños durante su estancia hospitalaria?

a) Los facultativos.
b) El personal no sanitario: maestros, celadores, etc.
c) El personal sanitario no facultativo: enfermeros, TCAE…
d) Los padres.

En MADTEST tienes **119 preguntas más de este tema, comentadas y argumentadas**, y elaboradas por empleados de las Administraciones Públicas teniendo en cuenta los últimos exámenes oficiales. Logra tu plaza con MADTEST: Test de calidad.

¡Supera tus límites con MADTEST!

A continuación te presentamos algunos ejemplos de preguntas comentadas:

21. Son lactantes menores los niños hasta:

a) Los tres meses de vida.
b) Los seis meses de vida.
c) El año de vida.
d) Que deja de tomar leche materna o maternizada.

Respuesta correcta: c) El año de vida.

El período de Lactante se extiende desde los 28 días de vida hasta los 24 meses y se subdivide en:
– Lactante Menor: de los 28 días hasta los 12 meses.
– Lactante Mayor: de los 12 meses hasta los 24 meses.

22. El perímetro torácico al nacer estará en torno a:

a) 28 cm.
b) 33 cm.
c) 38 cm.
d) 40 cm.

Respuesta correcta: b) 33 cm.

Perímetro torácico: la medida se sitúa entre 30-34 cm.

23. La ictericia fisiológica está relacionada con:

a) Inmadurez renal del neonato.
b) Inmadurez hepática del neonato.
c) El consumo de la leche artificial.
d) Incompatibilidad Rh madre/neonato.

Respuesta correcta: b) Inmadurez hepática del neonato.

Es el resultado de la inmadurez de los distintos pasos del metabolismo de la bilirrubina en el hígado. En los niños alimentados con lactancia materna, la ictericia puede ser más intensa y prolongada.

24. La temperatura del neonato tiende a estabilizarse a:

a) 35 ºC.
b) 35,5 ºC.
c) 36,5 ºC.
d) 37 ºC.

Respuesta correcta: c) 36,5 ºC.

Temperatura. Tiende a estabilizarse alrededor de 36,5 ºC. Esto es debido a la inmadurez de su sistema termorregulador. El principal objetivo de enfermería se centra en evitar las pérdidas de calor.

25. ¿Qué cuidado respiratorio del neonato no es cierto?

a) Nunca se debe colocar inicialmente al neonato boca abajo, ya que no permitirá adecuadamente la salida de secreciones.
b) Con una sonda blanda y un aparato de aspiración, se eliminan las secreciones.
c) Al niño hay que cambiarlo de posición para ayudarle a que drene las secreciones.
d) La posición más adecuada para que drene es el decúbito lateral, que facilita su salida de las vías respiratorias.

Respuesta correcta: a) Nunca se debe colocar inicialmente al neonato boca abajo, ya que no permitirá adecuadamente la salida de secreciones.

Una vez que el ser ha nacido, y para que este empiece a respirar, se seguirán los pasos que se indican a continuación:
1. Se coloca al recién nacido boca abajo permitiendo así la salida de secreciones.
2. Con una sonda blanda y un aparato de aspiración, se eliminan las secreciones.
3. Se coloca al niño en decúbito lateral para facilitar el drenaje de las vías respiratorias.

Solución al test n.º 23

1. a) Si tiene tras parir su madre 27 días de vida.

2. c) Neonatal precoz.

3. c) Aquel que nació con 38 semanas de gestación.

4. b) Pretérmino.

5. a) 35 cm.

6. d) Hasta los 24 meses de vida.

7. d) Los dieciocho meses de vida.

8. b) Vérnix caseoso.

9. b) Un vello fino que recubre la piel más frecuentemente en frente, mejillas, hombros y espalda.

10. b) A la semana.

11. d) Meconio.

12. d) Fenilcetonuria e hipotiroidismo.

13. d) No hay dificultad.

14. d) 1.500 g.

15. d) Del neonato normal 0° y más de 0° hasta 90° en prematuro.

16. c) Neutro.

17. c) D.

18. c) 30 cc.

19. d) Fibras indigeribles.

20. d) Los padres.

Principales patologías en Salud Mental

1. La definición de la OMS de salud mental dice que es el resultado de la presencia de aspectos, necesarios para alcanzar un estado de completo bienestar de tipo:

a) Psicológico, afectivo y ambiental sobre la salud.
b) Psicológico, afectivo y social sobre la salud.
c) Afectivo, social y ambiental sobre la salud.
d) Físico, psicológico y social sobre la salud.

2. ¿Qué aspectos multifactoriales se recogen en un mismo individuo?

a) Aspectos físicos, psíquicos, religiosos, culturales y ambientales.
b) Aspectos físicos, psíquicos, socioeconómicos y ambientales.
c) Aspectos físicos, sociales, éticos, psíquicos y ambientales.
d) Aspectos físicos, psíquicos, sociales, culturales y ambientales.

3. ¿Qué concepto implica que el hecho de la existencia de una relación de afecto, emoción o sentimiento de la persona vaya a tener repercusiones somáticas positivas o negativas, tales como cefaleas, náuseas, diarreas, etc.?

a) El concepto de dinamismo.
b) El concepto de interacción.
c) El concepto de normalidad.
d) El concepto de aversión.

4. ¿Qué número de edición es la vigente del *Manual diagnóstico y estadístico de los trastornos mentales de la Asociación Estadounidense de Psiquiatría* (DSM)? La edición:

a) Segunda.
b) Tercera.
c) Cuarta.
d) Quinta.

5. ¿Cuántas categorías de trastornos mentales incluye la actual clasificación de trastornos mentales de la Asociación Estadounidense de Psiquiatría DSM?

a) 18.
b) 22.
c) 30.
d) 35.

6. ¿Qué clasificación de trastornos mentales recomienda la OMS que se use?

a) DSM- V.
b) CIE- 10.
c) DMS- III.
d) ASLO- V.

7. La ansiedad es un trastorno de tipo:

a) Psicótico.
b) Neurótico.
c) Sociopático.
d) Psicopático, asociado a toxicomanías.

8. ¿Qué característica presenta el nivel de ansiedad donde el individuo presenta una atención selectiva y un campo perceptivo disminuido?

a) Nivel de ansiedad leve.
b) Nivel de ansiedad moderado.
c) Nivel de ansiedad severo.
d) Ausencia.

9. El miedo irracional a los espacios abiertos se denomina:

a) Claustrofobia.
b) Dismorfobia.
c) Agorafobia.
d) Eritrofobia.

10. ¿Qué se denomina como contenidos o actividades psíquicas que se imponen en un individuo a pesar suyo?

a) Neurosis.
b) Fobia.
c) Obsesión.
d) Ilusión.

11. ¿Qué trastorno presentan las personas con el cuadro clínico típico de *flashbacks*?

a) Trastorno obsesivo-compulsivo.
b) Trastorno de estrés traumático.
c) Trastorno fóbico.
d) Trastorno de ansiedad generalizada.

12. Según la DMS los trastornos del estado de ánimo o afectivos denominados trastornos depresivos, incluyen:

a) Las fobias y los trastornos bipolares.
b) El episodio depresivo mayor, el episodio maníaco y el episodio mixto.
c) El trastorno depresivo mayor y el trastorno distímico.
d) Los trastornos bipolares y ciclotímicos.

13. ¿Qué trastorno del ánimo o afectivo (según DSM) pertenece al grupo de los trastornos depresivos?

a) Trastorno Depresivo Mayor.
b) Episodio maníaco.
c) Episodio mixto.
d) Trastorno bipolar.

14. ¿Qué otro nombre recibe los trastornos bipolares?

a) Ciclotimia.
b) Psicosis afectiva no polar.
c) Psicosis falsotímica.
d) Todos los anteriores son correctos.

15. ¿En qué momento del síndrome bipolar ciclotímico existe mayor riesgo de suicidio?

a) Al principio de la fase maníaca.
b) En el momento de la fase depresiva.
c) Al recuperarse de la fase depresiva.
d) Al recuperarse de la fase maníaca.

16. ¿Cuál es la edad de presentación más frecuente de la esquizofrenia?

a) Adolescencia y adulto joven.
b) Primera infancia.
c) Segunda infancia y adolescencia.
d) Adulto maduro (más de 45 años) y senectud.

17. La lentitud o inhibición del pensamiento que puede llegar hasta el bloqueo se denomina:

a) Taquipsiquia.
b) Bradifemia.
c) Bradipsiquia.
d) Verborrea.

18. ¿Qué modalidad de esquizofrenia se caracteriza por presentar períodos alternantes de apatía extrema y excitación intensa?

a) Esquizofrenia paranoide.
b) Esquizofrenia catatónica.
c) Esquizofrenia hebefrénica.
d) Esquizofrenia residual.

19. ¿Qué aspecto de la esquizofrenia induce a pensar que posee buen pronóstico?

a) Asociada a abuso de drogas.
b) Si es de tipo desorganizado o indiferenciado.
c) Si comienza en edad temprana.
d) Si clínicamente existe confusión y signos atípicos.

20. ¿Qué sustancias se usan para disminuir el nivel de ansiedad?

a) Benzodiacepinas.
b) Inhibidores de la monoaminooxidasa.
c) Neurolépticos.
d) Antidepresivos tricíclicos.

En MADTEST tienes **121 preguntas más de este tema, comentadas y argumentadas**, y elaboradas por empleados de las Administraciones Públicas teniendo en cuenta los últimos exámenes oficiales. Logra tu plaza con MADTEST: Test de calidad.

¡Supera tus límites con MADTEST!

A continuación te presentamos algunos ejemplos de preguntas comentadas:

21. ¿Qué aspecto es cierto del proceso de salud-enfermedad?

a) Es un proceso dinámico.
b) El estado de enfermedad no influye sobre los cambios económicos y sociales del individuo.

c) Nunca podrá aparecer una enfermedad mental como consecuencia de una situación marginal socioeconómica.

d) Todos los aspectos son ciertos.

Respuesta correcta: a) Es un proceso dinámico.

La dinámica del proceso de salud incluye el desarrollo del ciclo vital y del proceso de salud-enfermedad. El ciclo vital y su evolución abarcan desde que se nace hasta que se envejece. Las disfunciones que aparecen son procesos naturales de la vida.

22. ¿Cómo se denomina la edición vigente de la clasificación de los trastornos mentales de la Asociación Estadounidense de Psiquiatría de 2013?

a) DSM-3.
b) DSM-5.
c) DMS-2.
d) DMS-7.

Respuesta correcta: b) DSM-5.

La edición vigente es la quinta, conocida como DSM-5, y se publicó el 18 de mayo del 2013.

23. ¿Cómo se denominan las conductas tendentes a disminuir la angustia ligada a la obsesión?

a) Fobia.
b) Obsesión.
c) Ritos compulsivos.
d) Angustia.

Respuesta correcta: c) Ritos compulsivos.

Cada ritual, o patrón de rituales, está ligado a una misma obsesión, y el enfermo «tiene» que realizar varios a lo largo del día, acarreando todo esto una gran pérdida de tiempo y malestar en su vida diaria.

24. Dentro de los cuidados de enfermería (TCAE) de los trastornos de la ansiedad, indica cuál de ellos no es correcto:

a) Identificar las situaciones que aumenten la tensión y ayudarle a tomar conciencia de su ansiedad.

b) Proporcionarle seguridad, permaneciendo junto a la persona y no exigirle que tome decisiones.

c) Nunca valorar el nivel de ansiedad del individuo, ya que es labor exclusiva del psicoterapeuta.

d) Enseñarle métodos para reducir la ansiedad, tales como la relajación y técnicas de reducción del estrés.

Respuesta correcta: c) Nunca valorar el nivel de ansiedad del individuo, ya que es labor exclusiva del psicoterapeuta.

Una de las principales **intervenciones de Enfermería** en los trastornos de la ansiedad es valorar el nivel de ansiedad de la persona.

25. ¿Qué síntomas de la esquizofrenia son primarios?

a) Catatonias.
b) Trastornos afectivos.
c) Alucinaciones auditivas.
d) Trastornos del lenguaje.

Respuesta correcta: c) Alucinaciones auditivas.

Síntomas primarios: percepción delirante, alucinaciones auditivas. robo de pensamiento, vivencias de influencia, vivencia de desgobierno de la actividad psíquica y vivencia catastrófica.

Solución al test n.º 24

1. b) Psicológico, afectivo y social sobre la salud.

2. b) Aspectos físicos, psíquicos, socioeconómicos y ambientales.

3. b) El concepto de interacción.

4. d) Quinta.

5. b) 22.

6. b) CIE- 10.

7. b) Neurótico.

8. b) Nivel de ansiedad moderado.

9. c) Agorafobia.

10. c) Obsesión.

11. b) Trastorno de estrés traumático.

12. c) El trastorno depresivo mayor y el trastorno distímico.

13. a) Trastorno Depresivo Mayor.

14. a) Ciclotimia.

15. c) Al recuperarse de la fase depresiva.

16. a) Adolescencia y adulto joven.

17. c) Bradipsiquia.

18. b) Esquizofrenia catatónica.

19. d) Si clínicamente existe confusión y signos atípicos.

20. a) Benzodiacepinas.

**El envejecimiento. Atención y cuidados del TCAE al anciano.
Apoyo al cuidador principal y familia**

1. ¿Cuántos años aproximadamente más se incrementa la esperanza de vida en España al llegar una persona a la edad de 65 años?

a) Se incrementa aproximadamente 4 años.
b) Se incrementa aproximadamente 8 años.
c) Se incrementa aproximadamente 18 años.
d) Se incrementa aproximadamente 25 años.

2. ¿Qué factor de los que hay que tener en cuenta por el incremento de gerontes en la población es el que se traduce por un aumento de la frecuencia absoluta de enfermedades en el anciano?

a) Factor social.
b) Factor económico.
c) Factor terapéutico.
d) Factor epidemiológico.

3. La vejez propiamente dicha se denomina también:

a) Madurez precoz.
b) Decrepitud.
c) Madurez tardía.
d) Caquexia senil.

4. ¿Qué edad expresa la capacidad de mantener los roles personales y la integración social del individuo en la comunidad, para lo que se precisa conservar razonables cotas de capacidades físicas?

a) Edad cronológica.
b) Edad biológica.
c) Edad psicológica.
d) Edad funcional.

241

5. ¿Cómo se denomina la relación que se produce al dividir a la población ≥ de 65 años entre la población de los menores de 0 a 14 años?

a) Tasa juvenil.
b) Coeficiente de juventud.
c) Índice o coeficiente de renovación.
d) Índice de reposición.

6. ¿Qué dispositivo de carácter social o de apoyo a la convivencia consideras una institución cerrada?

a) Asilos.
b) Clubes de ancianos (hogar del pensionista).
c) Ayuda a domicilio.
d) Centros de día.

7. ¿Cuál de los dispositivos de carácter sanitario a nivel geriátrico es de segundo nivel?

a) Centros de salud.
b) Hospital de día geriátrico.
c) Hospital de cuidados continuados.
d) Ninguno de los anteriores.

8. ¿Qué circunstancias de las que se nombran son más acordes con el anciano frágil?

a) Posee una edad generalmente superior a los 65 años, con alteraciones funcionales, al límite entre lo "normal" y "patológico", en equilibrio inestable y con adaptación de los trabajos funcionales a sus posibilidades reales de rendimiento.

b) Es una persona de edad (mayor), que sufre alguna enfermedad (aguda o crónica) pero no cumple ningún otro requisito de los citados anteriormente.

c) Posee una edad generalmente superior a los 80 años, que sufre una o varias enfermedades que le producen algún riesgo de incapacidad, o una cierta incapacidad leve, que sigue tratamiento farmacológico (uno o varios medicamentos), que vive en la comunidad, generalmente solo o en compañía de otra persona mayor, que ha sufrido un cambio reciente de domicilio, o que ha estado hospitalizado en los últimos doce meses, que precisa atención profesional domiciliaria y cuyos recursos socioeconómicos son limitados.

d) Sufre problemas mentales y/o sociales en relación con su estado de salud y que requiere institucionalización.

9. ¿Qué modificaciones de la piel del anciano es incorrecta?

a) Se va volviendo descolorida.
b) Aumenta en ella el grosor de los vasos sanguíneos.

c) Se vuelve más húmeda y con ello sudorosa y menos frágil.
d) Todo lo anterior es correcto.

10. ¿Qué sentidos de estos disminuyen fisiológicamente con la ancianidad?

a) Vista.
b) Gusto.
c) Olfato.
d) Todos los anteriores.

11. ¿Qué signo o síntoma del anciano es aquel que se muestra con el cuidador en forma de agresiones verbales?

a) De miedo.
b) De aislamiento.
c) De hostilidad.
d) De deterioro cognitivo.

12. ¿Qué se define como el proceso diagnóstico, estructurado, dinámico, multidimensional e interprofesional que nos permite identificar las capacidades del mayor, los problemas y las necesidades en los ámbitos clínico, funcional, mental y socioambiental de la persona mayor?

a) La valoración geriátrica integral.
b) La valoración estructurada por Necesidades Básicas.
c) La valoración estructurada por Patrones Funcionales de Salud.
d) La valoración estructurada por Patrones Anatómicos de Salud.

13. ¿Qué objetivo no es correcto de la valoración geriátrica integral?

a) Evitar que se produzca la institucionalización del anciano.
b) Asignar los servicios, ayudas técnicas y sobre todo incorporar al paciente a los programas que más se ajustan a sus necesidades.
c) Conocer los recursos del paciente y su entorno social, familiar y ambiental.
d) Evitar dando privilegios fomentando una ubicación adecuada en caso de institucionalización del anciano.

14. Si en la Escala de Barthel, que mide las ABVD, el paciente obtiene 70 puntos, indica que es:

a) Independiente.
b) Dependiente leve.
c) Dependiente moderado.
d) Dependiente grave.

15. ¿Cuántos puntos máximo posee la Escala de Tinetti, en su primera parte dedicada al equilibrio?

a) 6.
b) 12.
c) 16.
d) 28.

16. ¿Cuántos ítems posee el Índice de Barthel?

a) 5.
b) 10.
c) 15.
d) 20.

17. ¿Qué valoración, dentro de la valoración geriátrica integral, va dirigida a identificar y evaluar alteraciones en la capacidad de realizar funciones intelectuales, de forma que nos aporte información de interés respecto a su capacidad para desarrollar sus actividades cotidianas, incluido el trabajo, así como su capacidad de autocuidado?

a) Valoración clínica.
b) Valoración funcional.
c) Valoración cognitiva.
d) Valoración social.

18. ¿Cuál es la puntuación que nos marca el punto de corte ante una depresión moderada en el test de Hamilton (Rating Scale para Depresión de Hamilton)?

a) Puntuación de 18.
b) Puntuación de 12.
c) Puntuación de 8.
d) Puntuación de 4.

19. ¿Cuántos ítems posee la Escala Social de Gijón?

a) 3.
b) 4.
c) 5.
d) 6.

20. ¿Cada cuánto tiempo el anciano debe hidratar las uñas y su cutícula para mantenerlas blandas y evitar que se rompan?

a) Cada día.
b) Cada tres días.
c) Cada semana.
d) Cada mes.

En MADTEST tienes **132 preguntas más de este tema, comentadas y argumentadas**, y elaboradas por empleados de las Administraciones Públicas teniendo en cuenta los últimos exámenes oficiales. Logra tu plaza con MADTEST: Test de calidad.

¡Supera tus límites con MADTEST!

A continuación te presentamos algunos ejemplos de preguntas comentadas:

21. La decrepitud senil se denomina:

a) Vejez senil o ancianidad.
b) Caquexia senil o ancianidad precoz.
c) Marasmo senil o ancianidad precoz.
d) Caquexia senil o marasmo senil.

Respuesta correcta: d) Caquexia senil o marasmo senil.

La **decrepitud senil**, caquexia senil o marasmo senil, no es propiamente una etapa de la vida. Se trata generalmente en ella de afecciones caracterizadas o latentes, como neoplasias, procesos degenerativos, secuelas de enfermedades, etc., acaecidas en otras etapas de la vida.

22. ¿Cómo debe ser la atención a los ancianos?

a) Parcelar.
b) Social.
c) Integral.
d) Vital.

Respuesta correcta: c) Integral.

La atención a los ancianos debe ser una atención integral, pues se debe atender a la persona en todos sus aspectos: físico, social, psicológico y relacional.

23. ¿Qué se estimará de estas cuestiones en la valoración psicológica del anciano al llevarse a cabo una valoración geriátrica integral?

a) Campo económico.
b) Campo de habitabilidad de vivienda.
c) Campo afectivo/cognitivo.
d) Campo familiar.

Respuesta correcta: c) Campo afectivo/cognitivo.

En la valoración física se realizará un análisis de los aspectos clínicos habituales pero incorporando las repercusiones que el proceso de envejecimiento tiene sobre la clínica. En la valoración psicológica alcanza al campo cognitivo y al afectivo.

24. ¿Qué test cognitivo evalúa las habilidades visoespaciales y visoconstructivas?

a) Test del reloj de Shulman.
b) Prueba SPMSQ.
c) Test del reloj de Barthel.
d) Test del reloj de Blessed.

Respuesta correcta: a) Test del reloj de Shulman.

El Test del reloj de Shulman es una prueba muy sencilla que se utiliza para el diagnóstico de la enfermedad de Alzheimer y otros tipos de demencia, ya que ofrece una información muy valiosa sobre la percepción visual, coordinación visomotora, capacidad visoconstructiva y de planificación y ejecución motora.

25. ¿Qué debe tomarse para evitar la aparición de estreñimiento debido a las circunstancias anatomofuncionales del anciano?

a) Una dieta rica en fibra digerible con frutas.
b) Una dieta rica en fibra digerible con verduras y frutas.
c) Una dieta rica en fibra indigerible con frutas.
d) Una dieta rica en fibra indigerible con frutas y verduras.

Respuesta correcta: b) Una dieta rica en fibra digerible con verduras y frutas.

Como consecuencia del débil tono muscular de la pared intestinal y del bajo consumo de líquidos es muy frecuente la aparición de estreñimiento en los ancianos, por lo que es recomendable una dieta rica en fibra con frutas y verduras.

Solución al test n.º 25

1. c) Se incrementa aproximadamente 18 años.

2. d) Factor epidemiológico.

3. c) Madurez tardía.

4. d) Edad funcional.

5. c) Índice o coeficiente de renovación.

6. a) Asilos.

7. b) Hospital de día geriátrico.

8. c) Posee una edad generalmente superior a los 80 años, que sufre una o varias enfermedades que le producen algún riesgo de incapacidad, o una cierta incapacidad leve, que sigue tratamiento farmacológico (uno o varios medicamentos), que vive en la comunidad, generalmente solo o en compañía de otra persona mayor, que ha sufrido un cambio reciente de domicilio, o que ha estado hospitalizado en los últimos doce meses, que precisa atención profesional domiciliaria y cuyos recursos socioeconómicos son limitados.

9. c) Se vuelve más húmeda y con ello sudorosa y menos frágil.

10. d) Todos los anteriores.

11. c) De hostilidad.

12. a) La valoración geriátrica integral.

13. d) Evitar dando privilegios fomentando una ubicación adecuada en caso de institucionalización del anciano.

14. b) Dependiente leve.

15. c) 16.

16. b) 10.

17. c) Valoración cognitiva.

18. a) Puntuación de 18.

19. c) 5.

20. a) Cada día.

TEST N.º 26

Atención del TCAE a personas con problemas de toxicomanía, alcoholismo y drogodependencias

1. La atención al drogodependiente debe ser contemplada desde un punto de vista global, teniendo en cuenta los aspectos:

a) Biológicos y Psicológicos.
b) Físicos, Psíquicos, Mentales y su interrelación.
c) Biológicos, Sociales y Psicológicos.
d) Biológicos, Sociales, Psicológicos y su interrelación.

2. Las actividades de prevención y tratamiento del tabaquismo deben estar inicial y esencialmente:

a) En las consultas privadas.
b) En las consultas externas del hospital.
c) En la atención primaria de salud.
d) En la atención especializada de salud.

3. ¿Qué nombre recibe el fenómeno en drogodependientes que se caracteriza por la necesidad de consumir cada vez cantidades crecientes de droga para conseguir los mismos efectos?

a) Tolerancia.
b) Dependencia.
c) Abstinencia.
d) Intoxicación.

4. ¿Cuál de estas sustancias no es un opiáceo?

a) La morfina.
b) La heroína.
c) El LSD.
d) El opio.

5. El benceno está en el grupo de:

a) Psicoestimulantes menores.
b) Solventes.
c) Alucinógenos.
d) Depresores del Sistema Nervioso Central.

6. ¿Qué es falso del tabaquismo?

a) Es una dependencia por consumo de tabaco.
b) El tabaquismo se adquiere en nuestro medio fumando en pipa, cigarros o cigarrillos.
c) La inhalación de su combustión es la responsable directa tanto de la dependencia como de las diversas patologías que causa.
d) La planta del tabaco era conocida desde la antigüedad en diversos continentes, sin embargo, su utilización y consumo proceden de África.

7. ¿Cuál de estas patologías es considerada por las Administraciones sanitarias como la principal causa evitable de morbimortalidad, por las patologías orgánicas que puede causar?

a) La obesidad.
b) El consumo de tabaco.
c) El sedentarismo.
d) El consumo de alimentos dislipémicos.

8. ¿Qué sustancias procedentes del tabaco son de las denominadas irritantes?

a) Alquitranes y compuestos del benceno.
b) Nicotina.
c) Fenoles, peróxido de nitrógeno y ácido cianhídrico, entre otras.
d) Monóxido de carbono.

9. ¿Qué receptores colinérgicos de la acción de la nicotina son aquellos localizados en los órganos efectores que reciben terminaciones nerviosas posganglionares colinérgicas, así como en algunas neuronas del SNC?

a) Nicotínicos propiamente.
b) Muscarínicos.
c) Adrenérgicos.
d) Dopaminérgicos.

10. ¿Cómo es el despertar de un fumador empedernido?

a) Alegre y lúcido.
b) Con dolor articular y rigidez matutina.

c) Muy placentero, pero con cierto embotamiento matinal.

d) Poco placentero, con embotamiento matinal, sensación de descanso insuficiente y dolores erráticos.

11. ¿Qué clínica caracteriza una vez que se inicia el síndrome de abstinencia a nicotina?

a) Alteraciones del sueño: insomnio y sueño no reparador.

b) Intranquilidad, excitación, nerviosismo y deseo de fumar.

c) Irritabilidad, agresividad, depresión y humor inestable.

d) Se produce todo lo anterior.

12. Según el modelo transteórico de las etapas del cambio de Prochaska y Diclemente, cuando una persona es consciente de que el hábito tabáquico es nocivo para su salud y piensa en dejarlo, pero aún no se ha comprometido, diremos que se encuentra en fase:

a) Precontemplativa.

b) Contemplativa.

c) Preparatoria.

d) De acción.

13. ¿Cómo se denomina la situación, como principio básico, que se da en un bebedor ocasional, pero consume grandes cantidades de alcohol sin llegar a la intoxicación cada vez que bebe, análogo al término consumo perjudicial?

a) Hábito.

b) Dependencia.

c) Uso.

d) Abuso.

14. ¿Cuántos gramos de etanol consumirá un bebedor si se ha tomado tres cervezas de 25 cc con una graduación alcohólica de 3 grados?

a) 18 g.

b) 1,8 g.

c) 3 g.

d) 0,9 g.

15. Dado que el alcohol inhibe la actividad del cerebelo, las personas que beben mucho alcohol pueden presentar:

a) Ataxia.

b) Afasia.

c) Anosognosia.

d) Hiperalgesia.

16. ¿Con qué dependencia está muy relacionado el síndrome de Wernicke-Korsakoff?

a) Con el consumo excesivo de alcohol.

b) Con el consumo excesivo de tabaco.

c) Con el consumo excesivo de heroína.

d) Con el consumo excesivo de benzodiacepinas.

17. ¿En qué grupo incluirías a las benzodiacepinas según efectos sobre el sistema nervioso?

a) Depresores.

b) Estimuladores.

c) Psicodislépticos o perturbadores del SNC.

d) Alucinógenos.

18. ¿Qué sustancia se emplea por vía IV para la intoxicación aguda de opiáceos por ser antagonista específico?

a) Rohipnol.

b) Metadona.

c) Naloxona.

d) Cannabis.

19. ¿Qué sustancia es el LSD?

a) Cocaína.

b) Heroína.

c) Ácido lisérgico.

d) Anfetamina.

20. El tratamiento de la dependencia de cannabis es fundamentalmente:

a) Metadona.

b) Haloperidol.

c) Betabloqueantes.

d) Psicológico.

En MADTEST tienes **140 preguntas más de este tema, comentadas y argumentadas**, y elaboradas por empleados de las Administraciones Públicas teniendo en cuenta los últimos exámenes oficiales. Logra tu plaza con MADTEST: Test de calidad.

¡Supera tus límites con MADTEST!

A continuación te presentamos algunos ejemplos de preguntas comentadas:

21. ¿Qué droga incluirías dentro de los opiáceos?

a) Cocaína.
b) Heroína.
c) Ácido lisérgico.
d) Anfetamina.

Respuesta correcta: b) Heroína.

Opiáceos: opio, morfina, codeína, tebaína, heroína y sus derivados sintéticos.

22. ¿Cuál de estas formas de consumo de tabaco es considerada muy dañina para la salud?

a) La forma fumada en pipas.
b) La forma fumada en cigarros puros.
c) La forma fumada en cigarrillos.
d) No es la fumada, sino la masticada e ingerida.

Respuesta correcta: c) La forma fumada en cigarrillos.

Un estudio publicado sobre una muestra de 357.420 adultos estadounidenses, seguidos entre los años 1985 y 2011 que bien nunca habían fumado o bien habían consumido de forma exclusiva uno de estos tres productos de la combustión del tabaco: cigarrillos, puros o tabaco en pipa, evidenció un incremento del riesgo de muerte prematura y de morir por un cáncer "asociado al tabaco" de las tres formas de fumar con respecto al grupo no fumador, aunque el riesgo era de mayor cuantía en los fumadores de cigarrillos, que en los de puros o tabaco en pipa.

23. ¿Qué patologías relacionadas con el tabaquismo entran dentro de la EPOC?

a) Bronquitis aguda y enfisema pulmonar.
b) Bronquitis crónica y atelectasia pulmonar.
c) Bronquitis aguda y atelectasia pulmonar.
d) Bronquitis crónica y enfisema pulmonar.

Respuesta correcta: d) Bronquitis crónica y enfisema pulmonar.

La EPOC (**acrónimo de** *Enfermedad Pulmonar Obstructiva Crónica*) es una enfermedad respiratoria crónica en la que los bronquios se obstruyen (*bronquitis crónica*) y el pulmón se destruye (*enfisema*) como consecuencia del aspirar humo del tabaco y/o de otras sustancias (combustibles, carbón, leña, contaminación, etc.).

24. ¿Cuál es el tratamiento farmacológico específico de la intoxicación aguda por benzodiacepinas?

a) Alprazolam.
b) Haloperidol.
c) Betabloqueantes.
d) Flumazenil.

Respuesta correcta: d) Flumazenil.

El antídoto para todas las benzodiazepinas es el flumazenil, un antagonista de las benzodiazepinas, el cual, ocasionalmente, se usa de modo empírico en pacientes que se presentan a una sala de emergencia por pérdida de la consciencia inexplicada.

25. ¿Qué peculiaridad en el perfil del consumo actual de drogas es cierta?

a) Empleo de las sustancias antiguas de toda la vida, sin usar otras por miedo a sus riesgos.
b) Disminuye la precocidad en el inicio del uso de algunas sustancias.
c) Policonsumo.
d) Todo lo anterior es cierto.

Respuesta correcta: c) Policonsumo.

El policonsumo consiste en el consumo de dos o más tipos de sustancias, mezcladas o consumidas alternativamente. Buscando sus diferentes efectos, o bien buscando una combinación de los mismos.

Solución al test n.º 26

1. d) Biológicos, Sociales, Psicológicos y su interrelación.

2. c) En la atención primaria de salud.

3. a) Tolerancia.

4. c) El LSD.

5. b) Solventes.

6. d) La planta del tabaco era conocida desde la antigüedad en diversos continentes, sin embargo, su utilización y consumo proceden de África.

7. b) El consumo de tabaco.

8. c) Fenoles, peróxido de nitrógeno y ácido cianhídrico, entre otras.

9. b) Muscarínicos.

10. d) Poco placentero, con embotamiento matinal, sensación de descanso insuficiente y dolores erráticos.

11. d) Se produce todo lo anterior.

12. b) Contemplativa.

13. d) Abuso.

14. b) 1,8 g.

15. a) Ataxia.

16. a) Con el consumo excesivo de alcohol.

17. a) Depresores.

18. c) Naloxona.

19. c) Ácido lisérgico.

20. d) Psicológico.

Paciente terminal. Atención y cuidados del TCAE al paciente terminal y familia. Cuidados paliativos. Cuidados postmortem. El duelo

1. ¿Qué aspecto de estos es clave que se dé en cuidados paliativos, siempre que sea posible?

a) La atención hospitalaria.
b) La atención en centro de salud habitual.
c) La atención en centro de salud especializado.
d) La atención domiciliaria.

2. Respecto a los cuidados paliativos no es cierto que:

a) Mejoran la calidad de vida de los pacientes y de sus familias.
b) Alivian el dolor y otros síntomas.
c) Aceleran la muerte.
d) Afirman la vida, y consideran la muerte como un proceso normal.

3. ¿Qué pronóstico (en meses) de vida es el promedio general en pacientes terminales?

a) Está limitado a 2 meses ($\pm$ 1).
b) Está limitado a 3 meses ($\pm$ 2).
c) Está limitado a 6 meses ($\pm$ 3).
d) Está limitado a 9 meses ($\pm$ 3).

4. ¿Qué principio básico, según Beauchamp y Childress, se sintetiza con la expresión latina *primum non nocere*?

a) Justicia.
b) No maleficencia.
c) Autonomía.
d) Beneficencia.

5. ¿En qué tipo de actuaciones se basan los cuidados paliativos?

a) Eutanasia.
b) Eugenesia.
c) Distanasia.
d) Ortotanasia.

6. A toda acción que pretende terminar con la vida del enfermo para acabar con el sufrimiento se le denomina:

a) Eutanasia.
b) Distanasia.
c) Eugenesia.
d) Ortotanasia.

7. ¿Cuál de estos derechos que se nombran a continuación, de las personas adultas en situación terminal, no consideras que sea tal?

a) Derecho a recibir atención médica y soporte personal.
b) Derecho a la autodeterminación y a rechazar un tratamiento.
c) Derecho a participar en la toma de decisiones relativas a las pruebas complementarias, aunque no en el tratamiento.
d) Derecho a ser tratados con la mayor dignidad y a ver su dolor aliviado.

8. Respecto al reposo y al sueño del enfermo terminal es cierto que:

a) Son infrecuentes las irregularidades en el patrón del sueño.
b) No se deben dar hipnóticos para el sueño, aunque se prescriban por el facultativo.
c) Hay que evitar que se sienta solo, y esto lo relaja y disminuye su estrés, favoreciendo que no se den las irregularidades del sueño.
d) La causa del insomnio siempre es psicológica.

9. ¿Qué consejo en la alimentación en cuidados paliativos es incorrecto?

a) No presionar o agobiar al paciente con la comida, intentando adaptarse al "gusto" del paciente.
b) Presentar la comida de forma atractiva (la comida entra por los ojos).
c) Fraccionar la dieta en seis o siete tomas al día (más veces, menos cantidad), evitando alimentos flatulentos, muy condimentados, o/y con olores intensos.
d) Hay que obligar a comer a los pacientes, la falta de comida constituye una ded las causas de empeoramiento.

10. ¿Qué virus es el que más frecuentemente aparece en la boca de los enfermos que están recibiendo quimioterapia?

a) Cándida.
b) Virus de Epstein-Barr.
c) Citomegalovirus.
d) Herpes simple.

11. ¿Qué aspecto no posee el dolor agudo que sí lo posee el dolor crónico?

a) Posee una misión biológica.
b) Mejor vía de administración la analgesia oral/rectal.
c) Posee un comienzo de alivio rápido.
d) El paciente presenta un estado emocional ante el dolor de cansado/ansioso.

12. ¿Qué factor de esto disminuye el dolor?

a) Miedo.
b) Depresión.
c) Vejez.
d) Sueño.

13. ¿Qué dolor de estos no es nociceptivo?

a) El dolor somático, por estimulación de los receptores periféricos.
b) El dolor visceral, por infiltración, compresión o distensión de vísceras.
c) El dolor neuropático, por daño del Sistema Nervioso Central (dolor central) o periférico (desaferentización).
d) Todos son nociceptivos.

14. Todo lo que se expone del fentanilo es cierto, excepto que:

a) Es un opioide sintético.
b) El fentanilo tiene indicaciones diferentes a la morfina en el tratamiento de dolor crónico que no responda al segundo escalón de la OMS.
c) El principal inconveniente del fentanilo-TTS es su mala adherencia en pieles sudorosas o/y febriles.
d) El fentanilo está especialmente indicado en disfagia/odinofagia, cuando existe un escaso cumplimiento de la medicación oral y cuando se dan problemas en el tránsito gastrointestinal (ocasiona menos estreñimiento).

15. ¿Qué causa de la ansiedad se relaciona con las fases de duelo de la doctora Kübler-Ross?

a) Los problemas relacionados con efectos directos de la enfermedad o complicaciones médicas.
b) Las reacciones adaptativas como consecuencia de la aparición de cambios inevitables.

c) Los problemas derivados de la existencia previa de problemas psicológicos.

d) Aquellas derivadas de los efectos secundarios del tratamiento.

16. ¿Qué nivel de sedación presenta un paciente con una respuesta rápida a estímulos dolorosos/presión glabelar, según la escala de Ramsay?

a) Nivel de sedación II.

b) Nivel de sedación III.

c) Nivel de sedación IV.

d) Nivel de sedación V.

17. ¿Cómo se denomina la capacidad para comprender, aceptar y compartir los sentimientos del paciente (incluso de otras personas)?

a) Catarsis.

b) Empatía.

c) Reflexividad.

d) Eustrés.

18. ¿Qué respuestas es incorrecta?

a) Las familias necesitan atención al mismo tiempo que el paciente terminal.

b) Los familiares deben ser partícipes del plan de cuidados del paciente.

c) No es conveniente instruir a los familiares en los cuidados necesarios para el paciente.

d) El médico debe facilitar a la familia la mayor cantidad de información posible sobre el estado del paciente.

19. ¿Cuál de estas etapas de aceptación de la muerte (Kübler-Ross) suele ser cronológicamente la primera?

a) Ira.

b) Negociación.

c) Negación.

d) Aceptación.

20. ¿En qué fase según Spoken está el paciente terminal que aún no conoce el diagnóstico ni el alcance de la enfermedad, pero la familia sí?

a) Fase de despreocupación.

b) Fase de inseguridad.

c) Fase de negación.

d) Fase de comunicación de la verdad.

En MADTEST tienes **125 preguntas más de este tema, comentadas y argumentadas**, y elaboradas por empleados de las Administraciones Públicas teniendo en cuenta los últimos exámenes oficiales. Logra tu plaza con MADTEST: Test de calidad.

¡Supera tus límites con MADTEST!

A continuación te presentamos algunos ejemplos de preguntas comentadas:

21. ¿Qué aspectos incluye la atención integral en Cuidados Paliativos?

a) Los aspectos exclusivamente físicos.
b) Los aspectos físicos, emocionales y espirituales.
c) Los aspectos físicos, sociales y espirituales.
d) Los aspectos físicos, emocionales, sociales y espirituales.

Respuesta correcta: d) Los aspectos físicos, emocionales, sociales y espirituales.

El control del dolor y de los síntomas, y de los problemas psicológicos, sociales y espirituales es de la mayor importancia cuando tratamos a pacientes en las unidades de cuidados paliativos.

22. ¿Quiénes serán los responsables de dar los cuidados físicos de confort a un paciente terminal que se encuentra ingresado a nivel hospitalario?

a) Técnicos socio-sanitarios contratados por la familia.
b) TCAE del hospital.
c) Familiares a su cargo.
d) Médicos Especialistas en cuidados paliativos.

Respuesta correcta: b) TCAE del hospital.

Los cuidados de confort son todos aquellos que cubren el bienestar físico y moral del Enfermo y son facilitados por el equipo de enfermería.

23. Las Escalas de Valoración Verbal (EVV) del dolor son:

a) Las Escala Intensiva del dolor (EID).
b) Las Escalas Descriptivas Simples (EDS).
c) Las Escalas Numéricas de Valoración (EVN).
d) La Escala Visual Analógica (EVA).

Respuesta correcta: b) Las Escalas Descriptivas Simples (EDS).

Consiste en interrogar al paciente acerca de su dolor diciéndole que si 0 es "no dolor" y 10 "es el máximo dolor imaginable", nos dé un número con el que se relaciones su dolor. Su principal inconveniente es que miden un solo parámetro, la intensidad de una manera descriptiva simple. También es un problema especificar la dimensión de cada punto y si entre estos existe un intervalo semejante.

24. ¿Qué tipo de comunicación utiliza generalmente el paciente terminal corrientemente de forma más explícita para expresar emociones, actitudes y otras circunstancias de su personalidad?

a) No verbal.
b) Verbal.
c) Escrita.
d) Antipostural.

Respuesta correcta: a) No verbal.

Las emociones, actitudes y personalidad del enfermo quedan reflejadas en la comunicación no verbal de forma complementaria, y en ocasiones más explícita, que a través de la verbal.

25. ¿Qué término procedente del latín, muy usado sanitariamente significa muerte?

a) Mortaja.
b) Sudario.
c) Éxitus.
d) Disfasia.

Respuesta correcta: c) Éxitus.

Exitus es un término latino que significa «salida» y se emplea en medicina como simplificación de la expresión más correcta *Exitus Letalis*, que literalmente significa «salida mortal» o «salida que causa la muerte» o más médicamente «proceso hacia la muerte». Su uso en medicina (sobre todo en medicina forense y medicina legal) es para significar que la enfermedad ha progresado hacia o desembocado en la muerte.

Solución al test n.º 27

1. d) La atención domiciliaria.

2. c) Aceleran la muerte.

3. c) Está limitado a 6 meses (± 3).

4. b) No maleficencia.

5. d) Ortotanasia.

6. a) Eutanasia.

7. c) Derecho a participar en la toma de decisiones relativas a las pruebas complementarias, aunque no en el tratamiento.

8. c) Hay que evitar que se sienta solo, y esto lo relaja y disminuye su estrés, favoreciendo que no se den las irregularidades del sueño.

9. d) Hay que obligar a comer a los pacientes, la falta de comida constituye una ded las causas de empeoramiento.

10. d) Herpes simple.

11. b) Mejor vía de administración la analgesia oral/rectal.

12. d) Sueño.

13. c) El dolor neuropático, por daño del Sistema Nervioso Central (dolor central) o periférico (desaferentización).

14. b) El fentanilo tiene indicaciones diferentes a la morfina en el tratamiento de dolor crónico que no responda al segundo escalón de la OMS.

15. b) Las reacciones adaptativas como consecuencia de la aparición de cambios inevitables.

16. c) Nivel de sedación IV.

17. b) Empatía.

18. c) No es conveniente instruir a los familiares en los cuidados necesarios para el paciente.

19. c) Negación.

20. a) Fase de despreocupación.

TEST N.º 28

Alimentación del paciente. Clasificación de los alimentos. Manipulación. Dietas terapéuticas. Técnicas de alimentación oral, enteral y parenteral. Metabolismo y nutrición. Procedimientos relacionados y atención del TCAE

1. ¿A qué se denomina la forma y manera de proporcionar al organismo los alimentos que le son indispensables?

a) Nutrición.
b) Alimentación.
c) Metabolismo.
d) Asimilación.

2. ¿Cómo se denominan los alimentos que están destinados fundamentalmente a la formación y renovación de los tejidos humanos, tanto en la fase de construcción o crecimiento como en la renovación de tejidos en los adultos?

a) Energéticos.
b) Vitamínicos.
c) Plásticos.
d) Reguladores.

3. ¿Qué alimentos son aquellos cuya composición principal son las proteínas y el calcio?

a) Alimentos reguladores.
b) Alimentos biocatalizadores.
c) Alimentos energéticos.
d) Alimentos plásticos.

4. Las frutas pertenecen en la nueva rueda de alimentos al grupo:

a) VI.
b) V.
c) IV.
d) III.

5. La base de la pirámide de alimentación saludable está compuesta de:

a) Recomendaciones de estilos de vida saludable (equilibrio emocional, actividad física diaria, ingesta adecuada de agua…).
b) Tomar alimentos de la dieta mediterránea.
c) Alimentos de consumo opcional y moderado.
d) Alimentos de consumo variado y diario.

6. La ingesta adecuada de agua diaria está en torno a los:

a) 1,5 litros.
b) 2 litros.
c) 2,5 litros.
d) 3,5 litros.

7. La regla de las tres erres, también conocida como 3R se aplican a la alimentación:

a) Variable.
b) Opcional.
c) Sostenible.
d) Saludable.

8. ¿Quién pone directamente en marcha y desarrolla la estrategia NAOS?

a) La Sociedad Española de Nutrición Comunitaria (SENC).
b) La Agencia Española de Seguridad Alimentaria y Nutrición (AESAN).
c) La Secretaría de Estado de Consejos dietéticos, mediante el programa EDALNU del Ministerio de Sanidad.
d) El Ministerio de Innovación, Desarrollo e Industria.

9. ¿Qué carne de estas consideras con más grasa?

a) La carne de cordero.
b) La carne de ternera.
c) La carne de conejo.
d) La carne de caballo.

10. ¿Cuál es la unidad de energía tradicionalmente empleada en nutrición y que sigue usándose con carácter generalizado?

a) El julio (J).
b) La Caloría grande (Cal).
c) El grado centígrado (ºC).
d) El ergio (erg).

11. Empleando la fórmula de Harris y Benedict del metabolismo basal diremos que un varón de 35 kg de peso, 1,40 m de talla y 11 años de edad, será aproximadamente de:

a) 700.
b) 850.
c) 1100.
d) 2100.

12. ¿Qué factor se estos es el que más influye en la multiplicación de microorganismos?

a) Las calorías de los alimentos.
b) La temperatura del medio.
c) La presión atmosférica.
d) La presencia o no de otros gérmenes.

13. ¿Qué agentes bióticos de los siguientes son mas productores de toxiinfecciones alimentarias?

a) Hongos.
b) Bacterias.
c) Protozoos.
d) Parásitos.

14. ¿Cuál es la fuente más importante de contaminación de intoxicaciones químicas de origen alimentario de forma directa sobre frutas y verduras que ingerimos, o indirecta tras la ingesta de lo anterior de animales?

a) El estiércol de origen animal.
b) Los mercuriales.
c) Los insecticidas.
d) El riego con agua contaminada.

15. ¿Qué aminoácido es esencial?

a) Prolina.
b) Cisteína.
c) Triptófano.
d) Alanina.

16. ¿Qué principios inmediatos son sustancias energéticas?

a) Grasas.
b) Grasas y proteínas.
c) Azúcares y proteínas.
d) Grasas y azúcares.

17. ¿Cuál de estos nutrientes se considera micronutriente (imprescindibles en pequeñas cantidades)?

a) Vitaminas.
b) Azúcares.
c) Proteínas.
d) Grasas.

18. El retinol es un constituyente de la vitamina:

a) Vitamina A.
b) Vitamina B$_2$.
c) Vitamina C.
d) Vitamina D.

19. ¿Con qué término se corresponde esta definición: «la técnica y el arte de utilizar los alimentos de la forma adecuada, partiendo del conocimiento profundo del organismo humano y de los alimentos, para proponer y promover formas de alimentación, variada, suficiente y equilibrada»?

a) Dietoterapia.
b) Nutrición.
c) Bromatología.
d) Dietética.

20. Un IMC (índice de Masa Corporal) de 27, según Garrow, estaría en el grado de obesidad:

a) No obesidad.
b) Leve.
c) Moderada.
d) Grave.

En MADTEST tienes **269 preguntas más de este tema, comentadas y argumentadas**, y elaboradas por empleados de las Administraciones Públicas teniendo en cuenta los últimos exámenes oficiales. Logra tu plaza con MADTEST: Test de calidad.

¡Supera tus límites con MADTEST!

A continuación te presentamos algunos ejemplos de preguntas comentadas:

21. ¿Qué alimentos incluirías en el grupo de reguladores?

a) Aceite y tocino.
b) Pan.

c) Frutas y verduras.
d) Leche.

Respuesta correcta: c) Frutas y verduras.

Los alimentos reguladores son alimentos que contienen oligoelementos minerales, vitaminas y aminoácidos, sustancias que regulan los procesos metabólicos esenciales del organismo. Son, principalmente, las frutas y los vegetales como zanahoria, naranja, plátano y col, por ejemplo.

22. ¿Qué alimento consideras que es de consumo ocasional, según la pirámide de alimentación saludable?

a) Carnes rojas.
b) Leche.
c) Pescado y mariscos.
d) Aceite de oliva.

Respuesta correcta: a) Carnes rojas.

En la parte superior de la pirámide se ubican alimentos y bebidas para los que se recomienda un consumo opcional, más ocasional y moderado como por ejemplo las carnes rojas.

23. En el Sistema Internacional la unidad de energía es:

a) El julio (J).
b) La Caloría (Cal).
c) El grado centígrado (ºC).
d) El ergio (erg).

Respuesta correcta: a) El julio (J).

El julio o *joule* es la unidad derivada del Sistema Internacional utilizada para medir energía, trabajo y calor. Como unidad de trabajo, el julio se define como la cantidad de trabajo realizado por una fuerza constante de un newton en un metro de longitud en la misma dirección de la fuerza.

24. ¿Qué aminoácido no es esencial?

a) Triptófano.
b) Valina.
c) Fenilalanina.
d) Alanina.

Respuesta correcta: d) Alanina.

La alanina es un aminoácido no esencial para el ser humano, pero es de gran importancia. Existe en dos distintos enantiómeros L-alanina y D-alanina. La L-alanina es uno de los 20 aminoácidos más ampliamente usados en biosíntesis de proteína, detrás de la leucina, encontrándose en un 7,8 % de las estructuras primarias, en una muestra de 1.150 proteínas. La D-alanina está en las paredes celulares bacteriales y en algunos péptidos antibióticos.

25. La piridoxina es la vitamina:

a) A.
b) B_1.
c) C.
d) B_6.

Respuesta correcta: d) B_6.

Piridoxina, también conocida como vitamina B_6, se encuentra comúnmente en los alimentos y se utiliza como suplemento dietético.

Solución al test n.º 28

1. b) Alimentación.

2. c) Plásticos.

3. d) Alimentos plásticos.

4. a) VI.

5. a) Recomendaciones de estilos de vida saludable (equilibrio emocional, actividad física diaria, ingesta adecuada de agua…).

6. c) 2,5 litros.

7. c) Sostenible.

8. b) La Agencia Española de Seguridad Alimentaria y Nutrición (AESAN).

9. a) La carne de cordero.

10. b) La Caloría grande (Cal).

11. c) 1100.

12. b) La temperatura del medio.

13. b) Bacterias.

14. c) Los insecticidas.

15. c) Triptófano.

16. d) Grasas y azúcares.

17. a) Vitaminas.

18. a) Vitamina A.

19. d) Dietética.

20. b) Leve.

Principios de Farmacología. Vías de administración de medicamentos. Precauciones. Almacenaje y conservación. Etiquetado

1. Toda sustancia empleada en la fabricación de un medicamento, ya permanezca inalterada, se modifique o desaparezca en el transcurso del proceso, se llama:

a) Excipiente.
b) Coadyuvante.
c) Materia prima.
d) Principio activo.

2. ¿Cómo se denomina todo medicamento que tenga la misma composición cualitativa y cuantitativa en principios activos y la misma forma farmacéutica, y cuya bioequivalencia con el medicamento de referencia haya sido demostrada por estudios adecuados de biodisponibilidad?

a) Medicamento especial.
b) Medicamento magistral.
c) Medicamento de investigación.
d) Medicamento genérico.

3. ¿Cómo se consideran las «premezclas para piensos medicamentosos» elaboradas para ser incorporadas a un pienso?

a) Medicamentos de uso humano.
b) Medicamentos de uso veterinario.
c) Medicamentos de terapia génica.
d) Medicamentos de origen humano.

4. La farmacodinamia estudia:

a) Los efectos de los fármacos en el organismo.
b) La aplicación de los fármacos en el ser humano con la finalidad de curar o de alterar voluntariamente una función normal.

c) Las reacciones adversas y las enfermedades producidas por los medicamentos.

d) La evolución de un fármaco en el organismo tras su administración por distintas vías, identificando los metabolitos y las modalidades de eliminación.

5. Cuando digo aspirina me estoy refiriendo a:

a) La marca registrada (nombre comercial).
b) Nombre científico.
c) Nombre químico.
d) Nombre genérico.

6. ¿Qué mecanismo de acción de fármacos serán aquellos en los que no intervienen estructuras biológicas especializadas (receptores)?

a) Estocástico.
b) No específico.
c) Específico.
d) Variable.

7. ¿Qué órgano se encarga de la eliminación de los metabolitos?

a) Esófago.
b) Estómago.
c) Hígado.
d) Páncreas.

8. El paso del fármaco de la sangre a los tejidos dependerá de su fijación a:

a) Proteínas plasmáticas.
b) Lípidos serológicos.
c) Glúcidos plasmáticos.
d) ATP circulante.

9. El efecto primario pretendido, es decir, la razón por la cual se prescribe el fármaco, con una dosis mínima eficaz es el efecto:

a) Secundario.
b) Lateral.
c) Terapéutico.
d) Adverso.

10. ¿Qué medicamentos de estos son formas farmacéuticas líquidas?

a) Polvos.
b) Sellos.

c) Emulsiones.

d) Geles.

11. ¿Cuál es la parte de la farmacología que estudia el movimiento de los fármacos en el organismo en función del tiempo y la dosis, desde que se administra hasta su eliminación total?

a) Farmacología clínica.

b) Farmacodinamia.

c) Farmacocinética.

d) Farmacognosia.

12. ¿Cómo se denomina el procedimiento que se lleva a cabo con la hoja de tratamiento correspondiente, para asegurarse al mismo tiempo del nombre del paciente, número de habitación y cama, medicamento y dosis a administrar, vía y horario?

a) Comprobación de los 5 errores o los 5 correctos.

b) Comprobación de la filiación del enfermo.

c) Comprobación de los 8 errores.

d) Nada de lo anterior es cierto.

13. Todo lo que se expone de la administración de un fármaco por vía oral es cierto, excepto que:

a) Puede y debe administrarse un medicamento preparado por otra persona (si requiere lo mismo).

b) No se deben administrar medicamentos en un recipiente mal rotulado.

c) No se debe perder de vista el carrito unidosis o bandeja de medicamentos.

d) Los medicamentos no usados nunca se regresan a los recipientes, se desechan o bien se avisa a farmacia.

14. ¿Qué afirmación es cierta respecto a la administración oftálmica?

a) No deben aplicarse las gotas estando la persona de pie o sentada, solo se pondrá si está en decúbito.

b) Nunca se eliminará el exceso de medicación con una gasa limpia.

c) Se limpiarán los ojos de secreciones con una gasa estéril empapada en una solución irrigante, utilizando una gasa diferente para cada ojo con el fin de no contaminar o extender la infección.

d) No se debe tirar del parpado inferior y sí del superior, para aplicar el medicamento.

15. Los sistemas percutáneos se corresponden con la vía:

a) Tópica.
b) Intratecal.
c) Intraneural.
d) Transdérmica.

16. ¿Qué vía es parenteral directa?

a) Vía subcutánea.
b) Vía intraósea.
c) Vía intraarterial.
d) Son ciertas las respuestas a) y c).

17. ¿Cuál es el motivo por el que se evita la perfusión venosa en las piernas de medicamentos?

a) No existe ningún motivo, y se hace habitualmente en la práctica.
b) Mayor riesgo de infecciones.
c) Mayor riesgo de hemorragias.
d) Mayor riesgo de tromboflebitis.

18. ¿Qué otro nombre recibe la vía subcutánea?

a) Vía transdérmica.
b) Vía intradérmica.
c) Vía hipodérmica.
d) Vía subdérmica.

19. ¿Qué vía de esta es intrarraquídea?

a) Vía intratecal.
b) Vía intraarticular.
c) Vía intraperitoneal.
d) Vía intraótica.

20. Se recomienda y considera, según la OMS, que todos los medicamentos tienen una vigencia máxima, desde su fecha de fabricación, de:

a) 1 año.
b) 3 años.
c) 5 años.
d) 10 años.

En MADTEST tienes **151 preguntas más de este tema, comentadas y argumentadas**, y elaboradas por empleados de las Administraciones Públicas teniendo en cuenta los últimos exámenes oficiales. Logra tu plaza con MADTEST: Test de calidad.

¡Supera tus límites con MADTEST!

A continuación te presentamos algunos ejemplos de preguntas comentadas:

21. Un cosmético puede ser:

a) Forma farmacéutica de un principio activo o placebo, que se investiga o se utiliza como referencia en un ensayo clínico.

b) Medicamento destinado a un paciente individualizado, preparado por un farmacéutico, o bajo su dirección, para cumplimentar expresamente una prescripción facultativa detallada y dispensado en oficina de farmacia.

c) Toda sustancia o preparado destinado a ser puesto en contacto con las diversas partes superficiales del cuerpo humano, con el fin exclusivo de limpiarlos, perfumarlos, modificar su aspecto, protegerlos, mantenerlos en buen estado o corregir los olores corporales.

d) Nada de lo anterior puede ser cierto.

Respuesta correcta: c) Toda sustancia o preparado destinado a ser puesto en contacto con las diversas partes superficiales del cuerpo humano, con el fin exclusivo de limpiarlos, perfumarlos, modificar su aspecto, protegerlos, mantenerlos en buen estado o corregir los olores corporales.

Real Decreto Legislativo 1/2015, de 24 de julio, por el que se aprueba el texto refundido de la Ley de garantías y uso racional de los medicamentos y productos sanitarios
Título preliminar
Artículo 2. Definiciones.
n) «Producto cosmético»: Toda sustancia o mezcla destinada a ser puesta en contacto con las partes superficiales del cuerpo humano (epidermis, sistema piloso y capilar, uñas, labios y órganos genitales externos) o con los dientes y las mucosas bucales, con el fin exclusivo o principal de limpiarlos, perfumarlos, modificar su aspecto, protegerlos, mantenerlos en buen estado o corregir los olores corporales.

22. La entrada del fármaco al organismo es:

a) La penetración en la célula.
b) La absorción del mismo.
c) La distribución del mismo.
d) El metabolismo.

Respuesta correcta: b) La absorción del mismo.

La absorción significa atravesar algún tipo de barrera, diferente según la vía de administración usada, pero que en último término se puede reducir al paso de barreras celulares.

23. ¿A qué se denomina introducir el fármaco en el organismo?

a) A la absorción.
b) A la inyección.
c) A la administración.
d) Nada de lo anterior.

Respuesta correcta: c) A la administración.

Administración consiste en introducir el fármaco en el organismo.

24. ¿Cuál de estas no es una complicación local de la punción venosa?

a) Shock.
b) Hematoma.
c) Flebitis.
d) Extravasación de la perfusión.

Respuesta correcta: a) Shock.

Las complicaciones locales más comunes son: flebitis, obstrucción del catéter, extravasación de la perfusión (infiltración) y hematoma.

25. La temperatura de conservación de los medicamentos termolábiles debe estar comprendida entre:

a) (-2)-1 ºC.
b) 2-8 ºC.
c) 6-10 ºC.
d) 8-14 ºC.

Respuesta correcta: b) 2-8 ºC.

La cadena de frío es el conjunto de eslabones de tipo logístico que garantizan una temperatura entre + 2 y + 8°C durante los procesos de almacenamiento, manejo, transporte y distribución de los medicamentos. A veces algunos medicamentos pueden requerir congelación.

Solución al test n.º 29

1. c) Materia prima.

2. d) Medicamento genérico.

3. b) Medicamentos de uso veterinario.

4. a) Los efectos de los fármacos en el organismo.

5. a) La marca registrada (nombre comercial).

6. b) No específico.

7. c) Hígado.

8. a) Proteínas plasmáticas.

9. c) Terapéutico.

10. c) Emulsiones.

11. c) Farmacocinética.

12. a) Comprobación de los 5 errores o los 5 correctos.

13. a) Puede y debe administrarse un medicamento preparado por otra persona (si requiere lo mismo).

14. c) Se limpiarán los ojos de secreciones con una gasa estéril empapada en una solución irrigante, utilizando una gasa diferente para cada ojo con el fin de no contaminar o extender la infección.

15. d) Transdérmica.

16. c) Vía intraarterial.

17. d) Mayor riesgo de tromboflebitis.

18. c) Vía hipodérmica.

19. a) Vía intratecal.

20. c) 5 años.

Aplicación de frio y calor

1. ¿Qué especialidad de la medicina aprovecha los efectos terapéuticos del frío y del calor aplicándolos en las superficies corporales?

a) Fisioterapia.
b) Medicina química.
c) Medicina eléctrica.
d) Electroterapia.

2. El empleo de electricidad como medio físico y terapéutico se denomina:

a) Medicina física.
b) Medicina eléctrica.
c) Electroterapia.
d) Son ciertas las respuestas b) y c).

3. ¿Cómo se denomina la aplicación de frío como medio terapéutico de fisioterapia?

a) Hidroterapia.
b) Helioterapia.
c) Crioterapia.
d) Termoterapia.

4. ¿Sobre qué parte corporal posee mayores repercusiones los efectos del calor en termoterapia?

a) Sobre la piel.
b) Sobre los dientes.
c) Sobre el sistema óseo.
d) Sobre el aparato respiratorio.

5. ¿Sobre qué sistema o aparato no actúa el calor con un efecto terapéutico general?

a) Sobre el aparato cardiocirculatorio.
b) Sobre el sistema nervioso.

c) Sobre el aparato digestivo.
d) Actúa sobre todos los anteriores.

6. ¿Qué técnica se emplea en crioterapia al aplicar sobre la superficie un agente a una temperatura inferior?

a) Radiación.
b) Conversión.
c) Conducción.
d) Convección.

7. La aplicación local de frío no tiene como efecto:

a) Palidez y frío sobre la piel.
b) El antitérmico.
c) El inflamatorio.
d) El antihemorrágico.

8. La manta eléctrica es una forma de aplicación de:

a) Calor seco.
b) Calor húmedo.
c) Frío seco.
d) Frío húmedo.

9. ¿Qué técnicas de estas no se emplea para aplicar calor seco?

a) Bolsa de agua caliente.
b) Compresas calientes.
c) Manta eléctrica y almohadilla eléctrica.
d) Lámpara de calor.

10. ¿En qué circunstancias hay que tomar medidas especiales de precaución cuando se aplica calor o frío localmente?

a) Cuando se aplica a niños/as.
b) Cuando se aplica a ancianos/as.
c) Cuando se aplica a pacientes inconscientes.
d) Cuando se aplica en todos los casos anteriores.

11. ¿En qué circunstancias de estas puede estar contraindicada la termoterapia?

a) En espasmos musculares.
b) En la menstruación con dismenorrea.
c) En grandes hematomas o hemorragias si son recientes.
d) En presencia de molestias gastrointestinales.

12. ¿Qué tiempo de aplicación debe emplearse en congestiones de la cabeza y cansancios de pies, si se da crioterapia?

a) Un cuarto de hora.
b) Diez minutos.
c) 4 a 5 minutos.
d) 30 a 60 segundos.

13. ¿En qué circunstancia de estas se contraindica la crioterapia?

a) Hemorroides.
b) Artrosis.
c) Enfermedad de Raynaud.
d) Dismenorrea.

14. ¿Qué es falso del uso de la manta eléctrica y almohadilla eléctrica empleadas en termoterapia?

a) La diferencia entre ambas es que la manta tiene mayor superficie que la almohadilla.
b) Ambas llevan en su interior una resistencia eléctrica.
c) Son variantes de aplicación de calor húmedo.
d) No se emplean en crioterapia.

15. ¿Cuál es el tiempo de aplicación normalmente de calor mediante lámpara de infrarrojos?

a) 1 a 3 minutos.
b) 10 a 20 minutos.
c) 21 a 27 minutos.
d) 30 minutos.

16. ¿Por qué medio se transmite el calor mediante la aplicación de ceras o baños de parafina?

a) Por conducción.
b) Por convección.
c) Por radiación.
d) Por conversión.

17. ¿Qué técnica no se aplica en el modo de transferencia de calor de los empleados en termoterapia por conversión?

a) Mediante radiación de microondas.
b) Mediante ultrasonidos.
c) Mediante onda corta.
d) Mediante compresas.

18. El mejor beneficio se logra manteniendo la bolsa de hielo sobre el lugar indicado en crioterapia durante:

a) Unos 30 minutos, para después descansar durante una hora y volver a realizar la aplicación.
b) Unos 30 minutos, para después descansar durante media hora y volver a realizar la aplicación.
c) Unos 20 minutos, para después descansar durante una hora y volver a realizar la aplicación.
d) Unos 20 minutos, para después descansar durante media hora y volver a realizar la aplicación.

19. ¿Para qué zonas corporales se emplean los remojos fríos?

a) Cabeza y cara.
b) Tórax y espalda.
c) Manos, brazos, pies, piernas y región perineal.
d) Abdomen y zona lumbar.

20. ¿Qué término se emplea para aquellas aplicaciones de placas calientes compuestas de barro y parafina en una zona concreta del cuerpo?

a) Peloides.
b) Pseudoparafinas.
c) Termóforos.
d) Parafangos.

En MADTEST tienes **140 preguntas más de este tema, comentadas y argumentadas,** y elaboradas por empleados de las Administraciones Públicas teniendo en cuenta los últimos exámenes oficiales. Logra tu plaza con MADTEST: Test de calidad.

¡Supera tus límites con MADTEST!

A continuación te presentamos algunos ejemplos de preguntas comentadas:

21. ¿En qué zonas inflamadas no se debe aplicar calor?

a) Contusión crónica en mano.
b) Golpe en miembro.
c) Foco séptico con pus.
d) En todo lo anterior se puede aplicar calor sin problema.

Respuesta correcta: c) Foco séptico con pus.

Al aplicar calor como medio terapéutico hay que tener cuidado y preferiblemente evitarlo y sustituirlo por otro agente en casos de procesos infecciosos.

22. Las duchas tibias se aplican generalmente en caso de:

a) Fiebre en niños.
b) Artrltls crónica.
c) Efectuar anestesia local en un área musculo-esquelética.
d) Todo lo anterior es cierto.

Respuesta correcta: a) Fiebre en niños.

Las duchas o baños de agua tibia se emplean para bajar la temperatura de los niños en casos de fiebre, la temperatura adecuada debe ser como mucho 2 grados inferior a su temperatura corporal.

23. ¿Dónde se debe realizar el masaje con hielo durante 60 a 90 segundos cuando se pretende aliviar el dolor ocasionado por calambres menstruales?

a) En 2,5 cm a la derecha de la apófisis espinosa de la vértebra L3.
b) En fosa ilíaca derecha.
c) En 2,5 cm por encima del hipogastrio.
d) En 2,5 cm a la derecha de la apófisis espinosa de la unión vertebral L5-S1.

Respuesta correcta: a) En 2,5 cm a la derecha de la apófisis espinosa de la vértebra L3.

La administración de frío produce alivio del dolor en calambres menstruales, mediante masaje con hielo en la zona situada a 2,5 cm a la derecha de la apófisis espinosa de la vértebra L3 durante 60-90 segundos.

24. ¿Qué modo de transferencia de calor de los empleados en termoterapia es profundo?

a) Conducción.
b) Convección.
c) Conversión.
d) Radiación.

Respuesta correcta: c) Conversión.

En el caso de la termoterapia por conversión, el calentamiento se produce por la transformación de otras formas de energía en energía térmica. Por ejemplo, en el caso de los ultrasonidos, la energía mecánica acaba degradándose, como consecuencia del rozamiento y la viscosidad del medio, y transformándose en calor.

25. ¿Qué afirmación no es correcta respecto a la inmersión en el agua (hidrotera-pia) y su aplicación en personas discapacitadas?

a) Aumenta la confianza en sí mismo.

b) Ayuda a mantener la imagen del movimiento.

c) Es capaz de realizar ejercicios dentro del agua que no es capaz de realizar en el exterior.

d) No aporta ni un estímulo positivo ni negativo en su recuperación.

Respuesta correcta: d) No aporta ni un estímulo positivo ni negativo en su recuperación.

El paciente discapacitado, es capaz de realizar ejercicios dentro del agua que no es capaz de realizar en el exterior, lo que aporta un estímulo positivo en su recuperación, así como ayuda a mantener la imagen del movimiento.

Solución al test n.º 30

1. a) Fisioterapia.

2. c) Electroterapia.

3. c) Crioterapia.

4. a) Sobre la piel.

5. d) Actúa sobre todos los anteriores.

6. c) Conducción.

7. c) El inflamatorio.

8. a) Calor seco.

9. b) Compresas calientes.

10. d) Cuando se aplica en todos los casos anteriores.

11. c) En grandes hematomas o hemorragias si son recientes.

12. d) 30 a 60 segundos.

13. c) Enfermedad de Raynaud.

14. c) Son variantes de aplicación de calor húmedo.

15. b) 10 a 20 minutos.

16. a) Por conducción.

17. d) Mediante compresas.

18. a) Unos 30 minutos, para después descansar durante una hora y volver a realizar la aplicación.

19. c) Manos, brazos, pies, piernas y región perineal.

20. d) Parafangos.

Atención al enfermo quirúrgico

1. Una intervención de tipo paliativo es aquella:

a) Que fortalece las zonas debilitadas, o pretende volver a unir zonas anatómicas que se encuentran separadas o tiene por objeto corregir deformidades.
b) Que alivia los síntomas de un determinado proceso, sin curar la enfermedad.
c) Que se utiliza para determinar la causa de los síntomas.
d) Que busca mejorar el aspecto físico.

2. ¿Qué función poseerá la intervención quirúrgica que persiga determinar la causa o causas de los síntomas de un proceso morboso?

a) Intervención ablativa.
b) Intervención paliativa.
c) Intervención reparadora.
d) Intervención diagnóstica.

3. ¿Cómo se denomina al período de tiempo que transcurre desde que un paciente va a ser intervenido hasta que es dado de alta en el hospital?

a) Período preoperatorio.
b) Período transoperatorio.
c) Período perioperatorio.
d) Período posoperatorio.

4. ¿Cuál de estas personas con un grupo sanguíneo concreto consideras que es donante universal?

a) Aquella con O^+.
b) Aquella con AB^+.
c) Aquella con O^-.
d) Aquella con B^-.

5. ¿Qué modalidad de sangre se preparará para transfundir a un paciente si la necesitase, en caso de urgencia y sin previa averiguación analítica de su grupo sanguíneo?

a) Del grupo sanguíneo AB (+).
b) Del grupo sanguíneo 0 (-).
c) Del grupo sanguíneo 0 (+).
d) Son ciertas las respuestas b) y c).

6. ¿Qué intervención por el área quirúrgica o campo de intervención se corresponde con la de la imagen?

a) Cirugía perineal.

b) Cirugía abdominal.

c) Cirugía hernia inguinal.

d) Cirugía de bajo vientre.

7. La premedicación se suele administrar habitualmente al paciente antes de la cirugía:

a) 15 a 20 minutos.
b) 25 a 40 minutos.
c) 45 a 75 minutos.
d) 95 a 120 minutos.

8. ¿Qué es falso del bloque quirúrgico?

a) En él trabaja tanto personal sanitario como no sanitario.
b) Suele situarse en una zona del hospital tumultuosa y con tránsito de personas, aunque mal comunicada con el resto de las unidades, para que a ella lleguen nadie más que los interesados.
c) Posee un conjunto de instalaciones acondicionadas y equipadas para poder realizar en ellas las intervenciones quirúrgicas con las mayores garantías.
d) Está funcional y físicamente diferenciado del resto del hospital.

9. Los almacenes para guardar el material quirúrgico, aparatos, sueros, camillas, farmacia en general, etc., existentes en el bloque quirúrgico pertenecen al área:

a) De intercambio.
b) Estéril.
c) Sucia.
d) Limpia.

10. ¿Cómo se denomina la zona del bloque quirúrgico donde se requiere de uniforme quirúrgico, calzas o zuecos quirúrgicos, gorro, y uso de mascarilla obligatorio?

a) Zona sin limitación de acceso.
b) Zona semilimitada.
c) Zona limitada.
d) Zona prohibida.

11. ¿A qué área del bloque quirúrgico pertenece el pasillo limpio y el almacén de material estéril?

a) Al área estéril.
b) Al área sucia.
c) Al área de intercambio.
d) Al área limpia.

12. ¿Qué zona de estas del bloque quirúrgico consideras que no es zona limitada?

a) Los antequirófanos.
b) Los pasillos de limpio y sucio.
c) Las salas de intervenciones.
d) Los cuartos de lavado de manos prequirúrgico.

13. ¿A qué grupo dentro del equipo quirúrgico pertenece el cirujano que va a realizar la intervención?

a) Al grupo de miembros del equipo lavados limpios.
b) Al grupo de miembros del equipo lavados estériles.
c) Al grupo de miembros del equipo no estériles.
d) Al grupo de miembros del equipo no limpios.

14. La mesa metálica provista de ruedas, donde se coloca el material de uso continuo para la intervención (bisturí, separadores, pinzas, tijeras, batas, guantes, etc.), se denomina:

a) Mesa auxiliar.
b) Mesa mayo.
c) Cigüeña.
d) Todo lo anterior es cierto.

15. ¿Qué personal del equipo quirúrgico se encarga de coordinar las actividades del personal complementario (laboratorio, radiología, médico y otros)?

a) El auxiliar de enfermería.
b) La enfermera instrumentista.
c) La enfermera circulante.
d) El cirujano ayudante.

16. ¿Cómo se denomina la anestesia que consiste en aplicar la inyección de un anestésico local en el espacio adyacente a la duramadre?

a) Anestesia general.
b) Anestesia raquídea.
c) Anestesia epidural.
d) Anestesia interductal.

17. La deambulación posoperatoria temprana debe llevarse a cabo tras la intervención entre:

a) 4-8 horas.
b) 8-12 horas.
c) 24-48 horas.
d) 72-96 horas.

18. ¿Qué procedimiento técnico es el que pretende asegurar la salida de líquidos y derrames de una herida, absceso o cavidad natural traumática o quirúrgica?

a) Apósitos.
b) Gasa y paños.
c) Drenajes.
d) Sondas.

19. El drenaje vesical se realiza mediante:

a) Sonda de Foley.
b) Sonda nasogástrica.
c) Sonda de Pasman.
d) Sonda de Mickulicz.

20. ¿Qué drenaje mixto consiste en un tubo de goma relleno de gasa?

a) Drenaje en cigarrillo.
b) Drenaje en pipa de fumar.
c) Drenaje invertido de Pasman.
d) Redón.

En MADTEST tienes **169 preguntas más de este tema, comentadas y argumentadas**, y elaboradas por empleados de las Administraciones Públicas teniendo en cuenta los últimos exámenes oficiales. Logra tu plaza con MADTEST: Test de calidad.

¡Supera tus límites con MADTEST!

A continuación te presentamos algunos ejemplos de preguntas comentadas:

21. ¿En qué grupo de cirugía incluirías aquella que pretende corregir deformidades, como por ejemplo una escoliosis verdadera?

a) Diagnóstica.
b) Curativa.
c) Constructiva.
d) Estética.

Respuesta correcta: c) Constructiva.

La reparadora o reconstructiva es la que se realiza después de sufrir quemaduras, accidentes (reconstruyendo la nariz, cavidades orbitarias u orejas), deformidades y después de tumores, ya sean cutáneos o mamarios.

22. Se entiende por posoperatorio a la fase que:

a) Comienza con la colocación del enfermo en la mesa de operaciones hasta que abandona el quirófano.
b) Comienza con el traslado del paciente a la sala de despertar, y finaliza cuando el paciente es dado de alta.
c) Comienza con la colocación del enfermo en la mesa de operaciones hasta que es trasladado a la sala de despertar.
d) Comienza con la preparación del paciente y finaliza cuando este es colocado en la mesa de operaciones.

Respuesta correcta: b) Comienza con el traslado del paciente a la sala de despertar, y finaliza cuando el paciente es dado de alta.

Periodo postoperatorio: es la fase va después de la intervención. Comienza con el traslado del paciente a la sala de reanimación, más comúnmente conocida como sala de despertar, y finaliza cuando el paciente es dado de alta.

23. La familia del paciente que va a ser intervenido quirúrgicamente debe recibir información acerca de:

a) Dónde permanecer hasta que el enfermo regrese a la habitación.
b) Qué tiempo suele tardar ese tipo de intervención y saber cómo se encuentra el paciente tras la intervención.

c) Quién y cómo va a recibir información acerca de la intervención.

d) Debe conocer todo lo anterior.

Respuesta correcta: d) Debe conocer todo lo anterior.

La familia debe recibir información acerca de: dónde permanecer hasta que el enfermo regrese a la habitación, qué tiempo suele tardar ese tipo de intervención, quién y cómo va a recibir información acerca de la intervención y cómo se encuentra el paciente tras la intervención.

24. ¿Cómo se denomina la pantalla existente en la sala de quirófanos con sistema de iluminación, que se emplea para visualizar radiografías?

a) Escabel.

b) Negatoscopio.

c) Armario radiográfico.

d) Gammacámara.

Respuesta correcta: b) Negatoscopio.

El **negatoscopio** es un dispositivo que permite visualizar las radiografías gracias a un sistema de iluminación por transparencia del negativo. Tiene forma cuadrara o rectangular y se suele colocar en la pared o en la mesa para tenerlo siempre a mano en caso de necesitar ver con claridad una placa radiográfica.

25. El drenaje de Penrose es del tipo:

a) Drenajes por capilaridad o pasivos.

b) Drenajes por aspiración.

c) Drenajes por colectores o activos.

d) Drenajes de Mickulicz.

Respuesta correcta: a) Drenajes por capilaridad o pasivos.

Un drenaje Penrose quita el fluido del área de la herida por capilaridad. Es utilizado por cirujanos, para impedir la acumulación de fluidos que pudieran ser habitados por bacterias.

Solución al test n.º 31

1. b) Que alivia los síntomas de un determinado proceso, sin curar la enfermedad.

2. d) Intervención diagnóstica.

3. c) Período perioperatorio.

4. c) Aquella con O⁻.

5. b) Del grupo sanguíneo 0 (-).

6. b) Cirugía abdominal.

7. c) 45 a 75 minutos.

8. b) Suele situarse en una zona del hospital tumultuosa y con tránsito de personas, aunque mal comunicada con el resto de las unidades, para que a ella lleguen nadie más que los interesados.

9. a) De intercambio.

10. c) Zona limitada.

11. d) Al área limpia.

12. b) Los pasillos de limpio y sucio.

13. b) Al grupo de miembros del equipo lavados estériles.

14. d) Todo lo anterior es cierto.

15. c) La enfermera circulante.

16. c) Anestesia epidural.

17. c) 24-48 horas.

18. c) Drenajes.

19. a) Sonda de Foley.

20. a) Drenaje en cigarrillo.

Soporte Vital Básico del adulto y pediátrico.
Mantenimiento y reposición del carro de parada

1. Consideramos que lo ideal sería que supieran técnicas de RCP:

a) Todo el personal sanitario.
b) Todo el personal de primera intervención.
c) Todos los ciudadanos.
d) Todo el personal que trabaje en un servicio sanitario.

2. El estilo Utstein en el soporte vital básico es:

a) Un acuerdo a nivel mundial para consensuar definiciones relacionadas con la RCP.
b) La principal asociación de indicaciones en RCP a nivel europeo.
c) La secuencia de actuación correcta ante una emergencia clínica.
d) Todas son ciertas.

3. El primer eslabón de la cadena de supervivencia es:

a) RCP básica.
b) Desfibrilación precoz.
c) Activación de los servicios de emergencia.
d) Soporte vital avanzado.

4. El número seleccionado en toda Europa para la activación de los servicios de emergencias es:

a) 112.
b) 061.
c) 060.
d) 092.

5. La causa más frecuente de parada cardiorrespiratoria en adultos es:

a) Torsades de pointes.
b) FV.

c) FA.

d) Enfermedad terminal.

6. Para despejar la vía aérea usaremos la técnica de:

a) Tracción mandibular.

b) VOS.

c) Insuflaciones.

d) Dedo en gancho.

7. La secuencia correcta entre MCE (masaje cardiaco externo) e insuflaciones es de:

a) 30/2.

b) 15/2.

c) 30/1.

d) Depende del número de reanimadores.

8. ¿Cuál de las siguientes afirmaciones sobre el boca a boca es falsa?

a) Debemos tapar los orificios nasales.

b) Debemos sellar la boca del paciente con nuestra boca.

c) Se realizarán 2 insuflaciones cada 30 compresiones.

d) Se realizará una insuflación profunda para mejorar la oxigenación.

9. Consideraremos una obstrucción como parcial si:

a) El paciente no se encuentra atragantado.

b) El paciente puede respirar y toser.

c) El paciente no puede toser.

d) El paciente se encuentra consciente.

10. Ante una hemorragia:

a) Deberemos dar agua para reponer el volumen perdido.

b) Deberemos usar un torniquete.

c) Deberemos hacer compresión sobre la herida.

d) Deberemos aplicar calor seco.

11. La cánula de Guedel:

a) Es una cánula orofaríngea.

b) Se utiliza para mantener la vía aérea permeable.

c) Es un tubo de plástico abierto en su interior.

d) Todas las respuestas son ciertas.

12. Es un ritmo desfibrilable:

a) TVSP.
b) Asistolia.
c) Sinusal.
d) Bloqueo completo.

13. Si está indicada la descarga con el desfibrilador deberemos estar seguros de que:

a) El ritmo es desfibrilable.
b) El nivel de julios es el correcto.
c) Nadie toca al paciente.
d) El DESA tiene baterías.

14. ¿Cuándo se suspende la RCP básica?

a) Cuando la valoración nos indica que el paciente presenta una PCR.
b) Cuando el paciente necesita una descarga eléctrica.
c) Cuando el reanimador está exhausto.
d) Todas las respuestas son ciertas.

15. En los niños las técnicas de RCP se inician con:

a) 30 compresiones.
b) 2 ventilaciones.
c) 5 ventilaciones.
d) 15 compresiones.

16. La secuencia ideal entre compresiones y ventilaciones en los niños es de:

a) 30/2.
b) 15/2.
c) 30/1.
d) 15/5.

17. La realización de la RCP en niños debe hacerse con el niño:

a) En PLS.
b) En decúbito prono sobre una superficie dura.
c) En decúbito supino sobre una superficie dura.
d) En la posición en la que nos encontramos al paciente evitando la movilización.

18. El área de compresión en los lactantes:

a) Es en la línea intermamilar, sobre el esternón.
b) Es en el mismo lugar que en los adultos.

c) Es con 3 dedos sobre la apófisis xifoides.
d) Es justo bajo la apófisis xifoides.

19. No se considera material para la apertura de la vía aérea:

a) Pinzas de Magill.
b) Guía de tubo.
c) Tubos orofaríngeos.
d) Tabla de RCP.

20. El sulfato de magnesio es:

a) Una catecolamina.
b) Un anticolinérgico.
c) Un antiarrítmico.
d) Un depresor del SNC.

En MADTEST tienes **93 preguntas más de este tema, comentadas y argumentadas**, y elaboradas por empleados de las Administraciones Públicas teniendo en cuenta los últimos exámenes oficiales. Logra tu plaza con MADTEST: Test de calidad.

¡Supera tus límites con MADTEST!

A continuación te presentamos algunos ejemplos de preguntas comentadas:

21. En RCP consideramos finalizado el proceso si:

a) Se mantiene la circulación espontánea durante 20 minutos.
b) Llegan los servicios de emergencias extrahospitalaria.
c) Aparece respiración espontánea.
d) Todas las respuestas son ciertas.

Respuesta correcta: a) Se mantiene la circulación espontánea durante 20 minutos.

Son dos las razones que pueden dar por finalizado el proceso de RPC: cuando se determina la muerte, o se restablece la circulación espontánea de manera sostenida más de 20 minutos consecutivos.

Si aparecen los servicios de emergencias extrahospitalarias no se da por finalizado el proceso, solo lo continúa personal especializado, y si aparece respiración espontánea tampoco, ya que puede no mantenerse en el tiempo.

22. Lo primero que se debe hacer en una situación de emergencia es:

a) Avisar a los servicios sanitarios.
b) Realizar una valoración del paciente.

c) Proteger a nosotros, al paciente y a la zona.
d) Socorrer al herido.

Respuesta correcta: c) Proteger a nosotros, al paciente y a la zona.

Ante una situación de emergencia seguiremos siempre la secuencia PAS: proteger, avisar y socorrer, por lo tanto, lo primero que hay que hacer es proteger a nosotros, al paciente y a la zona.

23. Para utilizar un ambú de forma correcta debemos situarnos:

a) Detrás de la cabeza del paciente.
b) Entre sus hombros.
c) De rodilla junto a su tórax.
d) En el sitio que podamos.

Respuesta correcta: a) Detrás de la cabeza del paciente.

El ambú es un balón de resucitación que sustituye el boca a boca, insuflando aire en los pulmones del paciente. Para su buen uso debemos mantener la vía aérea abierta y fijar con fuerza la mascarilla sobre la cara del paciente. La posición de elección es tras la cabeza del mismo, ya que le otorga la mejor situación para el uso.

24. Para mantener abierta la vía aérea en un lactante la posición de la cabeza debe ser:

a) En hiperextensión.
b) En posición neutra.
c) En hipoextensión.
d) Solo se mantendrá abierta con una cánula orofaríngea.

Respuesta correcta: b) En posición neutra.

La hiperextensión de la cabeza se utiliza para la apertura de la vía aérea, en el caso de los lactantes la formación temprana y el corto recorrido de la vía hacen que la posición elegida sea la neutra, con la nariz mirando al techo.

25. En un niño que presenta una obstrucción de la vía aérea completa deberemos:

a) Iniciar secuencia de RCP.
b) Realizar 5 insuflaciones de rescate.
c) Realizar la maniobra frente–mentón para mantener la vía aérea abierta.
d) Alternar 5 compresiones torácicas con 5 golpes interescapulares.

Respuesta correcta: d) Alternar 5 compresiones torácicas con 5 golpes interescapulares.

En una obstrucción completa de la vía aérea el niño se encuentra en una emergencia, si no logramos desobstruir la vía el niño entrará en parada, la secuencia es similar a la de adultos. Pero no se debe realizar compresión abdominal, en su caso realizaremos compresiones torácicas.

Solución al test n.º 32

1. c) Todos los ciudadanos.

2. a) Un acuerdo a nivel mundial para consensuar definiciones relacionadas con la RCP.

3. c) Activación de los servicios de emergencia.

4. a) 112.

5. b) FV.

6. a) Tracción mandibular.

7. a) 30/2.

8. d) Se realizará una insuflación profunda para mejorar la oxigenación.

9. b) El paciente puede respirar y toser.

10. c) Deberemos hacer compresión sobre la herida.

11. d) Todas las respuestas son ciertas.

12. a) TVSP.

13. c) Nadie toca al paciente.

14. c) Cuando el reanimador está exhausto.

15. c) 5 ventilaciones.

16. b) 15/2.

17. c) En decúbito supino sobre una superficie dura.

18. a) Es en la línea intermamilar, sobre el esternón.

19. d) Tabla de RCP.

20. c) Un antiarrítmico.

TEST N.º 33

Atención del Técnico en Cuidados Auxiliares de Enfermería en las urgencias más frecuentes

1. Una patología que puede llevar a la muerte y que debe ser atendida en un tiempo inferior a una hora, según la OMS, es:

a) Un accidente.
b) Un siniestro.
c) Una urgencia.
d) Una emergencia.

2. El mayor pico de mortalidad originado en los politraumatizados es:

a) En la primera hora.
b) En las primeras 24 horas.
c) En las semanas posteriores.
d) La mortalidad en los politraumatizados no presenta un pico reconocido.

3. ¿Cuál es el orden en el que se debe realizar una evaluación en un paciente politraumatizado en la valoración secundaria?

a) Primero se debe realizar un examen neurológico, seguido de una exploración en busca de lesiones externas.
b) Primero se debe realizar un examen neurológico, seguido de una exploración de cabeza, cuello, tórax y abdomen.
c) La evaluación debe comenzar por la exploración de la cabeza, para seguir con cuello, abdomen y pelvis, y finalizar con un examen neurológico.
d) La evaluación debe comenzar por la exploración de cabeza, cuello, tórax, abdomen, pelvis, extremidades y finalizar con un examen neurológico.

4. ¿Qué es un traumatismo craneoencefálico?

a) Un impacto violento recibido por un sujeto en las regiones craneal y facial.
b) Un impacto recibido por un sujeto en la región craneal.

c) Una pérdida estructural de una parte del cuerpo.

d) La pérdida del conocimiento por un impacto violento en la región craneal.

5. En la inspección de las pupilas en una valoración neurológica de un paciente con traumatismo craneoencefálico, una relación entre ambas pupilas disocóricas quiere decir que:

a) Ambas pupilas son iguales.

b) Las pupilas no reaccionan.

c) Las pupilas son desiguales.

d) Las pupilas tienen forma irregular.

6. Para valorar la extensión de una quemadura se usa:

a) La regla de los 9.

b) La regla de Wallace.

c) La regla de los 10.

d) Las respuestas a) y b) son correctas.

7. ¿Qué es la uremia?

a) Es una pérdida de conciencia debido a una baja cantidad de glucosa en sangre.

b) Es una pérdida de conciencia debido a una alta cantidad de glucosa en sangre.

c) Es una complicación grave de las enfermedades del riñón, que puede provocar un estado de somnolencia capaz de llevar al coma.

d) Es una complicación leve de las enfermedades del riñón, que puede provocar un estado de somnolencia capaz de llevar al coma.

8. Las catecolaminas producen:

a) Vasoconstricción arterial y venosa, desvía el flujo de sangre de órganos no vitales a los vitales.

b) Elevación de frecuencia cardiaca y respiratoria.

c) Elevación de tensión arterial y gasto cardíaco.

d) Todas las respuestas son correctas.

9. Para poder elaborar un diagnóstico definitivo en un paciente intoxicado se debe recabar la máxima información posible. Se intentará conseguir:

a) Nombre del producto y cantidad del producto ingerido.

b) Vía de administración por la que se ha producido la ingesta y posibles mezclas.

c) Tiempo transcurrido desde la administración del producto y antecedentes patológicos previos del individuo.

d) Todas las respuestas son correctas.

10. ¿Cuál de los siguientes es el tratamiento para la intoxicación por paracetamol?

a) El tratamiento es sintomático.

b) El tratamiento indicado es el lavado gástrico incluso pasadas 12 horas, monitorización cardiaca y administración de bicarbonato sódico.

c) El tratamiento específico es la administración de su antídoto, N-acetilcisteína y si la ingesta es reciente están indicados el lavado gástrico y el carbón activado.

d) El tratamiento consiste en el lavado gástrico y carbón gástrico y la administración intravenosa de flumazenil.

11. ¿Cuál es la clínica de la intoxicación por litio?

a) Náuseas, vómitos, diarrea, ataxia, disartria, depresión del nivel de conciencia, convulsiones, poliuria e hiponatremia.

b) Sopor, pérdida de reflejos, hipotermia, hipotensión y trastornos motores.

c) Alteración del nivel de conciencia, depresión del SNC, ataxia, náuseas y vómitos.

d) Disartria, hiperreflexia, depresión respiratoria, convulsiones e hipotensión.

12. ¿Cuáles son las valoraciones que se deben hacer a un paciente con un traumatismo craneoencefálico?

a) Valoración respiratoria y neurológica.

b) Valoración circulatoria y externa en busca de heridas.

c) Valoración respiratoria, circulatoria y neurológica.

d) Valoración circulatoria e inspección, palpación y auscultación de la cabeza.

13. ¿Qué tres parámetros se evalúan en la atención de enfermería de un paciente con un traumatismo craneoencefálico para evaluar su conciencia?

a) Apertura de ojos, respuesta verbal y respuesta motora.

b) Apertura de ojos, respuesta pupilar ante un foco de luz y respuesta verbal.

c) La relación entre las pupilas, la presión intracraneal y la capacidad pulmonar.

d) Respuesta motora, respuesta verbal y respuesta pupilar a la luz.

14. Los signos y síntomas de las fracturas consisten en:

a) Hinchazón, cambios de color, mareos, náuseas, delirios.

b) Torpeza, sudoración, angustia, fatiga, hinchazón local, arritmias y cambios de humor.

c) Dolor, pérdida de función, deformidad, acortamiento, crepitación, hinchazón local y cambios de color.

d) Ninguna de las respuestas anteriores es cierta.

15. En las fracturas de huesos largos los fragmentos pueden presentar un traslado de:

a) 3 a 6 cm.

b) 1,5 a 5 cm.

c) 2,5 a 4,5 cm.
d) 2,5 a 5 cm.

16. ¿Cuál de estas corresponde al grado IV de fractura abierta?

a) Es una herida abierta de menos de 1 cm de longitud.
b) Es de mayor diámetro sin lesión extensa de los tejidos blandos.
c) No existe el grado IV de fractura abierta.
d) Es más grave, con lesión amplia de tejidos blandos y alto grado de contaminación.

17. ¿Cuál de las siguientes forma parte de los factores de cicatrización de las heridas?

a) Insomnio.
b) Huésped comprometido.
c) Ansiedad.
d) Sistema respiratorio.

18. Cuando la profundidad de la herida atraviesa el tejido subcutáneo hablamos de tipo:

a) Perforante.
b) Profunda.
c) Superficial.
d) Penetrante.

19. Forma parte de la actitud de enfermería en caso de hemorragia dental:

a) Informar al paciente de la necesidad de respirar por la boca y de evitar toser o realizar movimientos bruscos para que no se deshaga el coágulo que se forma.
b) Tomar las constantes vitales de forma continua.
c) Colocar un tapón de gasa humedecido en agua oxigenada en el lugar de la hemorragia e informar al paciente de que debe aprisionarlo fuertemente.
d) Trasladar al paciente al hospital.

20. Sabemos que es una hemorragia arterial cuando:

a) La sangre que brota lo hace de forma continua y babeante. Es de color rojo menos intenso que la sangre arterial (color rojo azulado).
b) La sangre es de color rojo intenso y sale a presión, siendo más acentuada la salida con la sístole cardiaca.
c) Brota de múltiples puntos en forma de sábana (como si de manantiales de agua se tratara). Es de color intermedio entre los dos anteriores.
d) La sangre es de color negro intenso y no se aprecia presión.

En MADTEST tienes **132 preguntas más de este tema, comentadas y argumentadas**, y elaboradas por empleados de las Administraciones Públicas teniendo en cuenta los últimos exámenes oficiales. Logra tu plaza con MADTEST: Test de calidad.

¡Supera tus límites con MADTEST!

A continuación te presentamos algunos ejemplos de preguntas comentadas:

21. Para valorar el nivel de conciencia del politraumatizado usaremos el método:

a) VOS.
b) PAS.
c) ALEC.
d) ALLEN.

Respuesta correcta: c) ALEC.

– El método VOS es el elegido para la valoración de la respiración: Ver, Oír, Sentir.
– El método PAS es el elegido como secuencia para la actuación en cualquier situación de emergencia: Proteger, Avisar y Socorrer.
– El método ALEC es un método simple para la valoración de la conciencia: A; alerta, despierto, consciente; L; letárgico, solo responde a estímulos verbales; E; estuporoso, responde solo a estímulos dolorosos; C, comatoso, no responde a estímulos.
– El método ALLEN es un método para la determinación de la circulación correcta antes de la realización de una gasometría arterial.

22. ¿Cuáles son las primeras medidas a poner en marcha en un esguince que se encuentra en un paciente politraumatizado mientras se realiza en la valoración secundaria?

a) Venda de sostén o presión y hielo o compresas frías alrededor de la articulación lesionada.
b) Reposo y elevación de la articulación.
c) Evitar la posición colgante de la articulación lesionada.
d) Todas las respuestas son correctas.

Respuesta correcta: d) Todas las respuestas son correctas.

Un esguince es una lesión de las estructuras ligamentosas periarticulares a causa de torsión. Las primeras medidas a poner en marcha son:
– Venda de sostén o presión y hielo o compresas frías alrededor de la articulación lesionada.
– Reposo y elevación de la articulación, para disminuir la hinchazón y el dolor.
– Evitar la posición colgante de la articulación lesionada.
– Colocar un cabestrillo si la articulación afectada es de la extremidad superior. Si se trata de un miembro inferior, se procederá a mantenerlo elevado, evitando apoyar peso en él.

23. Diferenciaremos que la sintomatología de la contusión es en el deltoides porque:

a) La contusión suele provocar lumbalgias de tipo muscular.
b) La flexión dorsal suele estar muy limitada y es dolorosa.
c) La contusión puede provocar desde hombros dolorosos simples hasta hombros congelados con compresión nerviosa, que deberemos valorar.
d) La intensidad de la lesión por la limitación de la flexión activa y pasiva de la rodilla.

Respuesta correcta: c) La contusión puede provocar desde hombros dolorosos simples hasta hombros congelados con compresión nerviosa, que deberemos valorar.

- En el cuádriceps valoraremos la intensidad de la lesión por la limitación de la flexión activa y pasiva de la rodilla.
- En el tríceps sural valoraremos los signos de flebitis durante la evolución, la flexión dorsal suele estar muy limitada y es dolorosa.
- En la musculatura lumbar, la contusión suele provocar lumbalgias de tipo muscular.
- En el deltoides, la contusión puede provocar desde hombros dolorosos simples hasta hombros congelados con compresión nerviosa, que deberemos valorar.

24. La infección de una herida quirúrgica se puede hacer evidente entre los:

a) 3 y 7 días del posoperatorio.
b) 1 y 8 días del posoperatorio.
c) 2 y 10 días del posoperatorio.
d) 2 y 11 días del posoperatorio.

Respuesta correcta: d) 2 y 11 días del posoperatorio.

La infección de una herida quirúrgica se puede hacer evidente entre los 2 y 11 días del posoperatorio. Cuando se sospecha que una herida puede estar infectada y hay un drenaje, se debe tomar una muestra para cultivo de gérmenes.

25. Las heridas se manifiestan clínicamente por:

a) Dolor, hemorragia y separación de los bordes de la piel por la herida.
b) Dolor, contusión y membrana mucosa abierta.
c) Hemorragia, rotura de la piel y enrojecimiento de esta.
d) Rotura de la piel, dolor y hemorragia.

Respuesta correcta: a) Dolor, hemorragia y separación de los bordes de la piel por la herida.

Las heridas se manifiestan clínicamente por: dolor, hemorragia y separación de los bordes de la piel por la herida.

Solución al test n.º 33

1. d) Una emergencia.

2. a) En la primera hora.

3. d) La evaluación debe comenzar por la exploración de cabeza, cuello, tórax, abdomen, pelvis, extremidades y finalizar con un examen neurológico.

4. a) Un impacto violento recibido por un sujeto en las regiones craneal y facial.

5. d) Las pupilas tienen forma irregular.

6. d) Las respuestas a) y b) son correctas.

7. c) Es una complicación grave de las enfermedades del riñón, que puede provocar un estado de somnolencia capaz de llevar al coma.

8. d) Todas las respuestas son correctas.

9. d) Todas las respuestas son correctas.

10. c) El tratamiento específico es la administración de su antídoto, N-acetilcisteína y si la ingesta es reciente están indicados el lavado gástrico y el carbón activado.

11. a) Náuseas, vómitos, diarrea, ataxia, disartria, depresión del nivel de conciencia, convulsiones, poliuria e hiponatremia.

12. c) Valoración respiratoria, circulatoria y neurológica.

13. a) Apertura de ojos, respuesta verbal y respuesta motora.

14. c) Dolor, pérdida de función, deformidad, acortamiento, crepitación, hinchazón local y cambios de color.

15. d) 2,5 a 5 cm.

16. c) No existe el grado IV de fractura abierta.

17. b) Huésped comprometido.

18. b) Profunda.

19. c) Colocar un tapón de gasa humedecido en agua oxigenada en el lugar de la hemorragia e informar al paciente de que debe aprisionarlo fuertemente.

20. b) La sangre es de color rojo intenso y sale a presión, siendo más acentuada la salida con la sístole cardiaca.

Conceptos generales de infección. Infección nosocomial. Aislamiento y tipos. Lavado de manos

1. La persona con capacidad padecer una enfermedad infecciosa se denomina técnicamente:

a) Portador enfermo.
b) Portador sano o asintomático.
c) Huésped susceptible.
d) Huésped refractario.

2. La Epidemiología de las enfermedades transmisibles estudia los factores que van a relacionar el agente causal con…

a) El portador.
b) El ambiente.
c) El sujeto o huésped susceptible.
d) El reservorio.

3. ¿Cuál de estas afirmaciones no es correcta respecto a los postulados de Koch?

a) Siempre debemos encontrar el microorganismo en la enfermedad.
b) Se debe aislar, pero no se cultiva desde las lesiones.
c) Se reproduce la enfermedad al inocular un cultivo puro a un animal susceptible.
d) El microorganismo debe dar lugar a una respuesta inmune detectable en laboratorio.

4. ¿Cómo se denomina la relación de interacción entre agente causal y huésped cuando existe beneficio para el agente o el huésped, pero sin perjuicio para el otro?

a) Saprofitismo.
b) Simbiosis.
c) Parasitismo.
d) Comensalismo.

5. ¿Cómo se denomina la capacidad del agente etiológico para extenderse?

a) Contagiosidad.
b) Infectividad.
c) Patogenicidad.
d) Virulencia.

6. Generalmente la fuente de la enfermedad transmisible suele ser la misma que:

a) El reservorio.
b) El portador sano.
c) El huésped susceptible.
d) El huésped refractario.

7. El suelo en la cadena epidemiológica se comporta como:

a) Reservorio exclusivamente.
b) Mecanismo de transmisión exclusivamente.
c) Reservorio o mecanismo de transmisión.
d) Huésped refractario o vía de contagio.

8. ¿A qué hace referencia la definición: "Todo ser animado o inanimado, en los que el agente etiológico se reproduce y se perpetúa en un ambiente natural del que depende para su supervivencia"?

a) Reservorio.
b) Fuente de infección.
c) Fuente de contagio.
d) Fuente adicional.

9. ¿Qué es la tasa de prevalencia?

a) Nº de personas portadoras en un período/nº de personas observadas en el período x meses de observación.
b) Nº de casos positivos/personas totales en un período específico.
c) Nº de casos negativos/nº de análisis realizados.
d) Ninguna es correcta.

10. ¿Cuál de estas opciones no es un mecanismo de transmisión indirecta de una enfermedad?

a) Por el aire.
b) Por arañazos.
c) Baños.
d) Artrópodos.

11. Existe reservorio telúrico cuando existe transmisión al hombre por medio de:

a) El suelo.
b) El agua.
c) Fómites.
d) Todo lo anterior es cierto.

12. ¿Cuál es la distancia mínima para que se produzca una transmisión directa de una infección por vía aérea, aunque propiamente no exista contacto directo?

a) 1 metro.
b) 2 metros.
c) 3 metros.
d) 4 metros.

13. ¿Qué vía de transmisión de estas es la más frecuente?

a) Transplacentaria.
b) Por bebida de fuente contaminada o comida contaminada.
c) Por vía aérea.
d) Por vía venérea.

14. ¿Cuál es el último eslabón de la cadena epidemiológica?

a) Huésped susceptible (con capacidad de enfermar).
b) Huésped refractario (sin capacidad de enfermar).
c) Fuente.
d) Vector.

15. ¿Qué afirmación es incorrecta en relación a las infecciones relacionadas con la asistencia sanitaria (IRAS)?

a) Son una causa mayor de mortalidad y de sufrimiento para los pacientes.
b) Son fáciles de tratar, a pesar de estar causadas por bacterias multirresistentes (BMR).
c) Incluyen a la infección nosocomial clásica, más las infecciones adquiridas por pacientes de la comunidad en contacto con la asistencia sanitaria.
d) Generan gran frustración a los profesionales sanitarios e incremente de forma considerable el gasto económico.

16. ¿Qué Servicio o Unidad de Hospitalización presenta la mayor prevalencia de infecciones hospitalarias?

a) UCI.
b) Rehabilitación.
c) Cardiología.
d) Consultas Externas.

17. ¿Cómo se denomina la infección causada por microorganismos pertenecientes a la propia flora comensal del paciente?

a) Exógena.
b) Ecológica.
c) Endógena.
d) Es imposible que esta se dé.

18. ¿A qué se asocia en mayor porcentaje el origen de las infecciones urinarias de tipo nosocomial? Se asocia a...

a) Heridas durante el esfuerzo de orinar.
b) Contactos directos del personal de enfermería con el paciente.
c) Manipulaciones instrumentales de las vías urinarias (sondaje vesical).
d) Fómites del cuarto de aseo del paciente.

19. ¿Cuál es la principal medida preventiva para evitar las infecciones cruzadas en el hospital?

a) Lavado de mano quirúrgico.
b) Lavado de mano higiénico.
c) Lavado de mano especial.
d) Lavado de mano antiséptico.

20. ¿Qué medida no es preventiva de las infecciones respiratorias de tipo nosocomial?

a) Esterilizar los broncoscopios cada vez que se utilicen.
b) Utilizar tubos endotraqueales estériles y desechables.
c) Realizar traqueotomías con frecuencia.
d) Favorecer los tratamientos posturales y hacer fisioterapia respiratoria, motivando al paciente para que aproveche al máximo su capacidad pulmonar.

En MADTEST tienes **183 preguntas más de este tema, comentadas y argumentadas**, y elaboradas por empleados de las Administraciones Públicas teniendo en cuenta los últimos exámenes oficiales. Logra tu plaza con MADTEST: Test de calidad.

¡Supera tus límites con MADTEST!

A continuación te presentamos algunos ejemplos de preguntas comentadas:

21. ¿Cuál es la medida más eficaz para la prevención de las bacteriemias de tipo hospitalario?

a) Uso de gorro, mascarilla y bata.
b) Lavado de manos meticuloso.

c) Cuidadosa elección y mantenimiento de las cánulas arteriales y venosas.
d) Nada de lo anterior es cierto.

Respuesta correcta: c) Cuidadosa elección y mantenimiento de las cánulas arteriales y venosas.

Para la prevención de las bacteriemias, la medida más eficaz es una cuidadosa elección y mantenimiento de las cánulas arteriales y venosas.

22. ¿Por qué es necesario el uso de guantes estériles en cirugía?

a) Para complementar el lavado de mano, aunque este es ya seguro.
b) Porque el lavado de manos quirúrgico no garantiza la eliminación de los microorganismos.
c) No se emplean guantes estériles en cirugía.
d) En cirugía se emplean guantes desechables no estériles que complementar el lavado de mano.

Respuesta correcta: b) Porque el lavado de manos quirúrgico no garantiza la eliminación de los microorganismos.

La desinfección de las manos para cirugía, aun en el caso de llevar a cabo el lavado correcto de manos, no garantiza la eliminación de los microorganismos, por lo que, además, es necesario hacer uso de guantes estériles.

23. ¿Qué prenda es la primera que hay que ponerse para acceder a un área estéril?

a) Gorros.
b) Guantes.
c) Calzas.
d) Bata.

Respuesta correcta: c) Calzas.

Las calzas deben colocarse sin tocar el calzado y es lo primero que hay que ponerse para acceder a un área estéril.

24. ¿Para cuántas intervenciones quirúrgicas sirve una mascarilla?

a) Exclusivamente para una.
b) Para dos o tres.
c) Para varias, mientras dure su material frente a la esterilización.
d) Para siempre, ya que es esterilizable.

Respuesta correcta: a) Exclusivamente para una.

Una mascarilla quirúrgica debe ser eliminada cuando finalice el procedimiento en el que fue preciso su uso, y no debe dejarse alrededor del cuello. Cuando se va a iniciar un nuevo procedimiento que exige el uso de una mascarilla quirúrgica, debe utilizarse una nueva, e higienizarse las manos antes de ponerla.

25. ¿A qué se denomina el conjunto de normas que hay que tomar en el hospital para evitar la propagación de las enfermedades infecciosas dentro de las distintas estancias y servicios hospitalarios?

a) Barreras higiénicas.
b) Aislamiento hospitalario.
c) Barreras de protección.
d) Son ciertas a) y c).

Respuesta correcta: b) Aislamiento hospitalario.

El objetivo principal de los aislamientos sanitarios es prevenir la propagación de las enfermedades transmisibles entre pacientes, personal y visitantes.

Solución al test n.º 34

1. c) Huésped susceptible.

2. c) El sujeto o huésped susceptible.

3. b) Se debe aislar, pero no se cultiva desde las lesiones.

4. d) Comensalismo.

5. a) Contagiosidad.

6. a) El reservorio.

7. c) Reservorio o mecanismo de transmisión.

8. a) Reservorio.

9. b) Nº de casos positivos/personas totales en un período específico.

10. b) Por arañazos.

11. d) Todo lo anterior es cierto.

12. a) 1 metro.

13. c) Por vía aérea.

14. a) Huésped susceptible (con capacidad de enfermar).

15. b) Son fáciles de tratar, a pesar de estar causadas por bacterias multirresistentes (BMR).

16. a) UCI.

17. c) Endógena.

18. c) Manipulaciones instrumentales de las vías urinarias (sondaje vesical).

19. b) Lavado de mano higiénico.

20. c) Realizar traqueotomías con frecuencia.

TEST N.º 35

Asepsia y antisepsia. Mecanismo de acción de antisépticos y desinfectantes. Desinfección y limpieza de material e instrumental

1. ¿Qué tipo de agentes utiliza más frecuentemente la asepsia para conseguir matar y eliminar los microorganismos?

a) Agentes mecánicos.
b) Agentes físicos.
c) Agentes biológicos.
d) Agentes químicos.

2. El material estéril:

a) No posee ningún tipo de microorganismo patógeno.
b) No posee gérmenes tipo virus, bacterias y hongos.
c) No posee ningún tipo de microorganismo patógeno, ni microorganismo no patógeno, e incluso ni siquiera sus formas de resistencia.
d) No posee ningún tipo de microorganismo patógeno y no patógeno.

3. ¿Qué termino es sinónimo de antisepsia en la práctica?

a) Descontaminación.
b) Desinfección.
c) Esterilización.
d) Desinfestación.

4. ¿Cómo se denomina al conjunto de técnicas destinadas a la eliminación de los artrópodos?

a) Desinsectación.
b) Desinfección.
c) Esterilización.
d) Desinfestación.

5. ¿Qué insecticidas en la práctica se consideran los más importantes?

a) Asfixiantes.
b) Fumigantes.
c) Repelentes.
d) Por contacto.

6. ¿A qué grupo de insecticidas pertenece el famoso DDT?

a) Asfixiantes.
b) Fumigantes.
c) Repelentes.
d) Por contacto.

7. ¿Dónde incluirías a la aguja de Reverdin en la clasificación del instrumental quirúrgico?

a) En instrumental de Hemostasia.
b) En instrumental de sutura.
c) En instrumental de disección.
d) En instrumental de corte.

8. Dentro de la clasificación de bisturíes entra:

a) Tijeras para suturas.
b) Pinzas de Kelly.
c) Las lancetas.
d) Catgut.

9. Las pinzas utilizadas para hemostasia de menor tamaño son:

a) Pean.
b) Kelly.
c) Kocher.
d) Mosquito.

10. El instrumental quirúrgico de síntesis es el instrumental:

a) De talla o campo.
b) De sutura.
c) De hemostasia.
d) De exposición.

11. ¿Cómo se denomina el instrumental quirúrgico que sirve para que el campo operatorio esté libre y las maniobras del cirujano puedan hacerse con seguridad?

a) Instrumental quirúrgico de disección.
b) Instrumental quirúrgico de exposición.
c) Instrumental quirúrgico de aprehensión.
d) Instrumental quirúrgico de sutura.

12. Las pinzas Duval-Collin son instrumentales quirúrgicos de:

a) Aprehensión.
b) De sutura.
c) De hemostasia.
d) De exposición.

13. ¿Qué es falso de un buen desinfectante?

a) Es aquel que no es tóxico ni corrosivo.
b) Es aquel que es de bajo costo y de olor agradable.
c) Es aquel que posee un espectro reducido de acción.
d) Es aquel que es biodegradable y se puede usar diluido en agua o alcohol.

14. Una esterilización destruye o elimina:

a) Todos los gérmenes patógenos.
b) Todos los gérmenes no patógenos.
c) Las formas de resistencia o esporas.
d) Todo lo anterior.

15. ¿Qué rayos solares son considerados desinfectantes?

a) Los rayos actínicos.
b) Los rayos ultravioletas.
c) Los rayos infrarrojos.
d) Los rayos láser.

16. ¿Cómo se denomina el material sanitario que requiere de asepsia total?

a) Crítico.
b) Semicrítico.
c) No crítico.
d) Desinfectado.

17. Una prótesis de la cabeza femoral la incluirías dentro del material sanitario:

a) Crítico.
b) Semicrítico.
c) No crítico.
d) Desinfectado.

18. ¿Qué elementos de estos es de fijación?

a) Vendas.
b) Hule.
c) Celulosa.
d) Algodón hidrófilo.

19. ¿Cada cuánto se limpia el mobiliario de la habitación del paciente?

a) Se limpia cada día.
b) Se limpia cada tres días.
c) Se limpia una vez a la semana.
d) Se limpia una vez al mes.

20. ¿Cuál es la base de la realización del procedimiento de limpieza-descontaminación?

a) Realizar una observación de cómo están los materiales antes de ser llevados a la central de esterilización.
b) Hacer una limpieza preliminar y no definitiva del material e instrumental antes de ser llevados a la central de esterilización.
c) Efectuar una limpieza de los materiales, de forma que queden completamente limpios para ser llevados así a la central de esterilización.
d) Esencialmente descontaminar con seguridad los materiales antes de ser llevados a la central de esterilización, aunque no estén limpios al 100 %.

En MADTEST tienes **148 preguntas más de este tema, comentadas y argumentadas,** y elaboradas por empleados de las Administraciones Públicas teniendo en cuenta los últimos exámenes oficiales. Logra tu plaza con MADTEST: Test de calidad.

¡Supera tus límites con MADTEST!

A continuación te presentamos algunos ejemplos de preguntas comentadas:

21. ¿Qué agentes físicos es el más utilizado por la asepsia para conseguir matar y eliminar los microorganismos?

a) El más utilizado es el calor seco, exclusivamente.
b) El más utilizado es el calor húmedo, exclusivamente.

c) El más utilizado es el frío, exclusivamente.
d) El más utilizado es el calor seco o/y el calor húmedo.

Respuesta correcta: d) El más utilizado es el calor seco o/y el calor húmedo.

Las técnicas de asepsia utilizan principalmente agentes físicos como medio para conseguir matar y eliminar los microorganismos. El calor seco o húmedo es el más utilizado.

22. ¿Cuál es la pinza hemostática parecida a la de Kelly, pero se diferencia de ella en que presenta un tramo de ranuras más largo, y se utiliza como esta para el clamps de vasos sanguíneos?

a) Pinza de Pean.
b) Pinza de Crile.
c) Pinza de Allis.
d) Pinza de Mosquito.

Respuesta correcta: b) Pinza de Crile.

Pinza Crile. Es una pinza hemostática parecida a la de Kelly, no tiene lo que propiamente podríamos llamar dientes como en otras pinzas, sino que posee estrías, es robusta y fuerte y sus ramas son muy largas. Se utilizan por ejemplo en operaciones de cirugía de fístulas arterio-venosas y en cirugía de cuello y bocio.

23. ¿Qué procedimiento de estos no es químico como desinfectante?

a) Flujo laminal.
b) Clorhexidina.
c) Povidona yodada.
d) Lejía.

Respuesta correcta: a) Flujo laminal.

Una cabina de flujo laminar, cámara de flujo laminar o campana de flujo laminar es un recinto que emplea un ventilador para forzar el paso de aire a través de un filtro HEPA o ULPA y proporcionar aire limpio a la zona de trabajo libre de partículas de hasta 0.1 micras.

24. ¿Por qué otro material han sustituido en hospitales y centros de salud las jeringas de vidrio?

a) Por jeringas de material biodegradable.
b) Por jeringas de acero inoxidable.
c) Por jeringas desechables de plástico.
d) Por jeringas de derivados de la madera (prensado).

Respuesta correcta: c) Por jeringas desechables de plástico.

Las jeringuillas desechables están destinadas a un solo uso, son utilizadas para introducir pequeñas cantidades de gases o líquidos en áreas inaccesibles de nuestro cuerpo o para tomar muestras.

25. ¿Cómo se denominas todos aquellos materiales de los que se vale el personal sanitario para realizar exploraciones, curas e intervenciones quirúrgicas?

a) Útil.
b) Material.
c) Objeto.
d) Instrumento.

Respuesta correcta: d) Instrumento.

Instrumentos son todos aquellos materiales de los que se vale el personal sanitario para realizar exploraciones, curas e intervenciones quirúrgicas.

Solución al test n.º 35

1. b) Agentes físicos.

2. c) No posee ningún tipo de microorganismo patógeno, ni microorganismo no patógeno, e incluso ni siquiera sus formas de resistencia.

3. b) Desinfección.

4. a) Desinsectación.

5. d) Por contacto.

6. d) Por contacto.

7. b) En instrumental de sutura.

8. c) Las lancetas.

9. d) Mosquito.

10. b) De sutura.

11. b) Instrumental quirúrgico de exposición.

12. a) Aprehensión.

13. c) Es aquel que posee un espectro reducido de acción.

14. d) Todo lo anterior.

15. b) Los rayos ultravioletas.

16. a) Crítico.

17. a) Crítico.

18. a) Vendas.

19. a) Se limpia cada día.

20. c) Efectuar una limpieza de los materiales, de forma que queden completamente limpios para ser llevados así a la central de esterilización.

Esterilización

1. ¿Qué método se emplea para la destrucción de todos los microorganismos y formas de resistencia de los mismos (esporas)?

a) Antisepsia.
b) Desinfección.
c) Esterilización.
d) Fumigación.

2. ¿Cuál de estos mecanismos de acción no se emplea en esterilización?

a) Muerte por calor.
b) Muerte por frío.
c) Muerte por agente químico.
d) Muerte por radiación.

3. ¿Cuál de estas técnicas de esterilización es en "frío"?

a) Mediante autoclave.
b) Mediante horno Pasteur.
c) Mediante flameado.
d) Mediante radiación gamma.

4. ¿Cuál de las siguientes ventajas e inconvenientes del autoclave es falsa?

a) Es un medio de esterilizar barato, sencillo, rápido y eficaz.
b) Es aplicable a una gran gama de materiales.
c) Las altas temperaturas de la técnica desestructura el material.
d) Son correctas todas las respuestas anteriores.

5. ¿Qué procedimiento de esterilización por calor es aquel que consiste en el uso de hornos crematorios para quemar el material de un solo uso y otros contaminados biológicamente?

a) Flameado.
b) Horno Pasteur.

c) Poupinel.
d) Incineración.

6. ¿Qué envoltorio del material a esterilizar es el más utilizado es la estufa Poupinel?

a) Bolsas de vidrio.
b) Bolsas de plomo.
c) Bolsas de aluminio.
d) Bolsas de plástico termorresistente.

7. ¿En cuál de estas técnicas de esterilización no son utilizados los métodos químicos?

a) En óxido de etileno.
b) En glutaraldehído.
c) En formol.
d) En el flameado.

8. ¿Cuánto tiempo debe estar inmerso el material que se va a esterilizar con glutaraldehído al 2 %?

a) 10 minutos.
b) 1 hora.
c) 5 horas.
d) 10 horas.

9. ¿Dónde se sitúa normalmente el Servicio de esterilización en un Hospital?

a) En su planta más alta.
b) En planta baja o sótano.
c) Siempre en la planta 3.ª
d) No importa donde se ubique.

10. ¿Cuál de estos riesgos es general en el servicio de esterilización?

a) Deshidratación por excesivo calor.
b) Caídas y cortes.
c) Quemadura en zona de incineración.
d) Explosión por uso inadecuado de óxido de etileno.

11. ¿Mediante qué procedimiento hoy día en los autoclaves modernos se comprueban las condiciones físicas de los aparatos?

a) Mediante impresión de los registros o gráfico directo de los registros de presión, tiempo y temperatura.
b) Mediante sensor térmico.

c) Mediante sensor de presión.
d) Mediante sensor de variables.

12. ¿Cuál de estos métodos de control no corresponde a controles físicos?

a) Los termómetros.
b) Los manómetros.
c) Los tubos testigos.
d) Los medidores de humedad.

13. ¿Dónde se colocan los indicadores colorimétricos como medio de control químico esencialmente térmico que comprueban si la esterilización ha funcionado?

a) Se colocan dentro del paquete a esterilizar y en zonas del interior del autoclave de difícil acceso.
b) Se colocan en el exterior en forma de cinta autoadhesiva y en zonas del interior del autoclave de difícil acceso.
c) Se colocan en el exterior en forma de cinta autoadhesiva y dentro del paquete.
d) Se colocan en el exterior en forma de cinta autoadhesiva, dentro del paquete y en zonas del interior del autoclave de difícil acceso.

14. ¿Qué técnicas de medio de control químico (testigo) se realizan en esterilización?

a) Técnicas azufradas.
b) Técnicas colorimétricas.
c) Técnicas olorimétricas.
d) Las respuestas a) y c) son correctas.

15. ¿De qué depende el período que dura una esterilización?

a) Depende del tipo de control biológico realizado y del tipo de envoltorio empleado.
b) Depende del tipo de envoltorio utilizado y del medio de transporte empleado.
c) Depende del tipo de envoltorio utilizado, de las condiciones de almacenamiento, del tipo de material, y del transporte empleado, entre otros.
d) Depende del tipo de control físico, químico y biológico realizado.

16. ¿Qué se emplea para el transporte del material esterilizado si es voluminoso?

a) Se utilizan grúas especiales.
b) Se utilizan carretillas abiertas.
c) Se utilizan bolsas de plástico cerradas.
d) Se utilizan carros herméticos.

17. El material esterilizado que se vaya a almacenar en las plantas debe ser utilizado en:

a) 6-12 horas.
b) 24-48 horas.
c) 48-72 horas.
d) 72-96 horas.

18. ¿Cuál es el tiempo de caducidad del material esterilizado dentro de las bolsas o papel mixto envasado doble y empleado para autoclaves?

a) De 3 meses.
b) De 6 meses.
c) De 9 meses.
d) De 12 meses.

19. ¿Cuál es el tiempo de caducidad del material esterilizado en las condiciones de triple barrera?

a) 1 mes.
b) 2 meses.
c) 3 meses.
d) 6 meses.

20. ¿Cuál es el tiempo de caducidad del material esterilizado dentro de los contenedores con protección de filtro?

a) 1 mes.
b) 2 meses.
c) 3 meses.
d) 6 meses.

En MADTEST tienes **124 preguntas más de este tema, comentadas y argumentadas**, y elaboradas por empleados de las Administraciones Públicas teniendo en cuenta los últimos exámenes oficiales. Logra tu plaza con MADTEST: Test de calidad.

¡Supera tus límites con MADTEST!

A continuación te presentamos algunos ejemplos de preguntas comentadas:

21. Corrientemente los agentes químicos producen esterilización mediante:

a) Transferencia y alquilación.
b) Reducción y transformación.

c) Carboxilación y reducción.
d) Oxidación y alquilación.

Respuesta correcta: d) Oxidación y alquilación.

Los mecanismos de acción de los principales agentes esterilizantes son la muerte por calor, por agentes químicos y por radiación:
Muerte por calor. Coagulación y oxidación.
Agentes químicos. Oxidación química y alquilación.
Radiación. Incluye la luz ultravioleta y la radiación ionizante.

22. ¿A partir de qué temperatura destruimos las esporas a través de técnicas de calor húmedo?

a) A partir de 100 ºC
b) A partir de 121 ºC
c) A partir de 125 ºC
d) A partir de 90 ºC

Respuesta correcta: b) A partir de 121 ºC
Por debajo de los 120 ºC sólo se puede hablar de desinfección, nunca de esterilización.

23. ¿Qué humedad debe haber dentro de la cámara cuando se quiere esterilizar un material con óxido de etileno?

a) 10 %.
b) 25 %.
c) 50 %.
d) 90 %.

Respuesta correcta: c) 50 %.

La humedad óptima para obtener un efecto microbicida es del 35%, lo que implica que en el interior de la cámara se ha de alcanzar una humedad relativa entre el 40-60% para conseguir superar la barrera del empaquetado y obtener el nivel de esterilización deseado.

24. ¿Qué área del hospital es el mayor cliente del Servicio de esterilización?

a) Área de celadores.
b) Área quirúrgica.
c) Área pediátrica.
d) Área de Medicina Interna.

Respuesta correcta: b) Área quirúrgica.
La Central de Esterilización es un servicio central que trabaja para todo el hospital, aunque quirófano es el principal cliente.

25. ¿Cada cuánto tiempo se debe realizar un control físico en las autoclaves modernas?

a) Cada semana.
b) Cada mes.
c) Cada trimestre.
d) Antes de finalizar el ciclo de esterilización y antes de extraer el contenido.

Respuesta correcta: d) Antes de finalizar el ciclo de esterilización y antes de extraer el contenido.

En los autoclaves, antes de finalizar el ciclo de esterilización y antes de extraer el contenido se revisan los registros de presión, tiempo y temperatura, para comprobar que las condiciones físicas del aparato son correctas (gráfica o tira de impresora del esterilizador).

Solución al test n.º 36

1. c) Esterilización.

2. b) Muerte por frío.

3. d) Mediante radiación gamma.

4. d) Son correctas todas las respuestas anteriores.

5. d) Incineración.

6. c) Bolsas de aluminio.

7. d) En el flameado.

8. d) 10 horas.

9. b) En planta baja o sótano.

10. b) Caídas y cortes.

11. a) Mediante impresión de los registros o gráfico directo de los registros de presión, tiempo y temperatura.

12. c) Los tubos testigos.

13. d) Se colocan en el exterior en forma de cinta autoadhesiva, dentro del paquete y en zonas del interior del autoclave de difícil acceso.

14. b) Técnicas colorimétricas.

15. c) Depende del tipo de envoltorio utilizado, de las condiciones de almacenamiento, del tipo de material, y del transporte empleado, entre otros.

16. d) Se utilizan carros herméticos.

17. b) 24-48 horas.

18. d) De 12 meses.

19. c) 3 meses.

20. d) 6 meses.

Recogida de muestras

1. ¿Qué tipo de envase se emplea para recoger la muestra resultante de una punción capilar?

a) Frascos de boca estrecha.
b) Hisopos.
c) Frascos de llenado por vacío.
d) Microtubos.

2. ¿Qué procedimiento de toma de muestra se emplea más habitualmente cuando estas se llevan a cabo tanto en orificios naturales como en heridas?

a) Mediante frasco de boca ancha.
b) Mediante hisopo.
c) Mediante bolsa de recogida de orina o análogo.
d) Mediante frasco de boca estrecha.

3. ¿Qué medio evita la desecación y muerte de los microorganismos recogidos con un hisopo estéril?

a) El medio de Schwann.
b) El medio de Petri.
c) El medio de Stuart.
d) El medio de Lindor.

4. ¿Qué se puede hacer para evitar una excesiva proliferación bacteriana en una toma de muestra y que así no se altere sustancialmente su resultado analítico?

a) Realizarla con premura, ya que no admite demora.
b) Refrigerando la muestra en los casos necesarios.
c) No se suele hacer nada en particular.
d) Son ciertas las respuestas a) y b).

5. ¿Qué se debe identificar y comprobar antes de los procedimientos de toma de muestra?

a) Usuario al que se le van a realizar los procedimientos.
b) Impresos y protocolos de petición analítica.
c) Requerimientos y preparación previa del paciente.
d) Todo lo anterior.

6. En la fase preanalítica de la muestra de sangre, se da hemodilución si coexiste:

a) Hipovolemia y oligosistemia.
b) Hipovolemia e hipersistemia.
c) Hipervolemia y oligosistemia.
d) Hipervolemia e hipersistemia.

7. Generalmente un hemocultivo se acompaña de:

a) Urocultivo.
b) Coprocultivo.
c) Antibiograma.
d) Todo lo anterior.

8 ¿Qué aditivos poseen las muestras biológicas sanguíneas en las que el tubo posee tapón azul?

a) Gel.
b) Citrato de sodio.
c) Oxalato potásico.
d) ACD.

9. El personal que realiza la técnica de extracción de sangre venosa es:

a) El facultativo.
b) El hematólogo.
c) El diplomado de enfermería.
d) El auxiliar de enfermería.

10. ¿Qué anticoagulante se emplea más habitualmente en los útiles y frascos empleados para las tomas de muestras sanguíneas, esencialmente empleadas en gasometría arterial?

a) Heparina.
b) Penicilina.
c) Metotrexate.
d) Clorhídrico.

11. ¿A qué puede deberse la presencia de una orina de coloración negra o marrón oscura en una muestra?

a) A sangre oculta.
b) A metahemoglobina o melanina o enfermo alcaptonúrico.
c) A carboxihemoglobina o melatonina o enfermo de patología de Harnup.
d) A oxihemoglobina o melatonina.

12. ¿Cómo se denomina el estudio microbiológico de heces mediante cultivo?

a) Hemocultivo.
b) Urocultivo.
c) Coprocultivo.
d) Cultivo de Hiss.

13. ¿Qué no debe tomarse o comer durante días previos a un estudio de sangre oculta en heces para realizar adecuadamente el procedimiento de toma de muestra de la misma?

a) Aspirina.
b) Alimentos picantes.
c) Tomates y rábanos.
d) No debe tomarse nada de lo anterior.

14. Respecto a la toma de muestra de esputos todo lo que se expone es cierto, excepto que:

a) Se puede evitar la contaminación de la muestra recomendando al enfermo que se lave la boca con solución salina o agua templada antes de proceder a la recogida.
b) Se puede evitar la contaminación de la muestra tomando antiséptico justo antes de la toma de muestra.
c) La toma de muestra posee gran facilidad de contaminación por la flora orofaríngea.
d) Si es difícil conseguir que el enfermo expectore, se le puede ayudar colocándole en la posición más adecuada para el drenaje.

15. ¿Qué forma es la más correcta de obtener la muestra en heridas con exudados y pus, para su posterior estudio?

a) Mediante gasas hipoalérgicas.
b) Mediante parches adhesivos.
c) Mediante aspirado con aguja y jeringa.
d) Mediante escopia cutánea.

16. ¿En qué circunstancias la presión del LCR estará disminuida?

a) Infarto cerebral.
b) Tumor o quiste intracraneal.
c) Deshidratación.
d) Hematoma subdural.

17. ¿Qué procedimiento se llevará a cabo en la toma de muestra de secreciones de senos paranasales?

a) Mediante hisopo.
b) Mediante torunda.
c) Mediante punción del seno.
d) Mediante aspirado transtraqueal.

18. Ante la sospecha en piel de infección por hongo, la toma de muestra se efectuará mediante:

a) Aspiración.
b) Uso de hisopo.
c) Raspado con bisturí o lanceta.
d) Uso de torunda húmeda.

19. Si es por lesión del lecho ungueal para la muestra de uña se utilizará:

a) Frasco de boca ancha.
b) Hisopo.
c) Frasco de boca mediana.
d) Frasco de boca estrecha.

20. ¿Cómo se toma la muestra en cabello ante la sospecha de micosis?

a) Arrancado de varios pelos con pinzas y guardado en recipiente estéril.
b) Uso de hisopo.
c) Raspado con bisturí o lanceta.
d) Uso de torunda húmeda.

En MADTEST tienes **158 preguntas más de este tema, comentadas y argumentadas,** y elaboradas por empleados de las Administraciones Públicas teniendo en cuenta los últimos exámenes oficiales. Logra tu plaza con MADTEST: Test de calidad.

¡Supera tus límites con MADTEST!

A continuación te presentamos algunos ejemplos de preguntas comentadas:

21. Generalmente, cuando pretendemos identificar la presencia de gérmenes en muestras biológicas estamos realizando un estudio:

a) Hematológico.
b) Inmunológico.

c) Microbiológico.
d) Bioquímico.

Respuesta correcta: c) Microbiológico.

La microbiología es la ciencia encargada del estudio y análisis de los microorganismos, seres vivos diminutos no visibles al ojo humano también conocidos como microbios o gérmenes. La microbiología tradicional se ha ocupado especialmente de los microorganismos patógenos entre bacterias, virus y hongos, dejando a otros microorganismos en manos de la parasitología y otras categorías de la biología.

22. Todo lo que se expone de la viscosidad de la sangre es cierto, excepto que:

a) La sangre posee viscosidad.
b) La sangre venosa es menos viscosa que la arterial, ya que posee más CO_2 que la segunda.
c) La viscosidad de la sangre depende de su contenido en células y del tamaño de las mismas.
d) El aumento de los niveles normales de proteínas en sangre la hacen más viscosa.

Respuesta correcta: b) La sangre venosa es menos viscosa que la arterial, ya que posee más CO_2 que la segunda.

En el caso de la sangre venosa su alto contenido en CO_2 hace que el hematíe se "hinche", de manera que la sangre venosa es más viscosa que la arterial que tiene una viscosidad más baja por su contenido en O_2.

23. El test de Allen nos sirve para asegurar:

a) Que la arteria cubital irriga normalmente, si extraemos sangre de la arteria radial.
b) La circulación adecuada de la región de la mano, comprometida en la extracción.
c) Que la arteria humeral irriga normalmente, si extraemos sangre de la arteria radial.
d) Son ciertas las respuestas a) y b).

Respuesta correcta: d) Son ciertas las respuestas a) y b).

En el test de Allen se comprimen con los dedos las arterias cubital y radial a nivel de la muñeca y se comprueba la vascularización (cambio de coloración de la piel de la palma de la mano) al quitar la presión sobre la arteria cubital y la radial de forma intermitente. Un test de Allen positivo detectaría problemas de isquemia arterial o defecto en la circulación colateral de la mano.

24. ¿Qué trastorno indica generalmente la presencia de unas heces blancas (acolia)?

a) Sospecha de sangrado del tracto superior gastrointestinal.
b) Sospecha de obstrucción biliar.

c) Sospecha de infección intestinal.
d) Sospecha de alteración peristáltica a nivel intestinal.

Respuesta correcta: b) Sospecha de obstrucción biliar.

Heces blancas = Sospecha de obstrucción biliar.

25. ¿Qué coloraciones presenta la xantocromía en el LCR?

a) Coloraciones marrón-verdosas.
b) Coloraciones amarillentas-rosáceas.
c) Coloraciones azuladas.
d) Coloraciones violáceas.

Respuesta correcta: b) Coloraciones amarillentas-rosáceas.

La xantocromía es el término general para definir la coloración amarilla de una parte del cuerpo (piel u otro tejido) o de un líquido orgánico. Cuando se hace referencia a la xantocromía en el caso del líquido cefalorraquídeo, que es claro como cristal de roca, indica que se ha producido una liberación de hemoglobina al haberse producido una hemorragia en alguna parte del sistema nervioso central.

Solución al test n.º 37

1. d) Microtubos.

2. b) Mediante hisopo.

3. c) El medio de Stuart.

4. d) Son ciertas las respuestas a) y b).

5. d) Todo lo anterior.

6. c) Hipervolemia y oligosistemia.

7. c) Antibiograma.

8. b) Citrato de sodio.

9. c) El diplomado de enfermería.

10. a) Heparina.

11. b) A metahemoglobina o melanina o enfermo alcaptonúrico.

12. c) Coprocultivo.

13. d) No debe tomarse nada de lo anterior.

14. b) Se puede evitar la contaminación de la muestra tomando antiséptico justo antes de la toma de muestra.

15. c) Mediante aspirado con aguja y jeringa.

16. c) Deshidratación.

17. c) Mediante punción del seno.

18. c) Raspado con bisturí o lanceta.

19. b) Hisopo.

20. a) Arrancado de varios pelos con pinzas y guardado en recipiente estéril.

TEST N.º 38

Salud Laboral

1. ¿Cuál es en España la norma básica que regula en la actualidad la materia de Prevención de Riesgos Laborales?

a) Ley 31/1995, de 8 de noviembre.
b) Ley 13/1990, de 22 de abril.
c) Ley 22/2000, de 12 de diciembre.
d) Ley 14/1998, de 25 de septiembre.

2. La Higiene teórica proveniente de la Higiene en el Trabajo:

a) Se encarga de la identificación cualitativa y cuantitativa de los agentes nocivos.
b) Se encarga de buscar soluciones a los problemas detectados y trata de eliminar todos los riesgos.
c) Se encarga del estudio a través de la investigación en el ámbito de la higiene laboral.
d) Se encarga de estudiar la relación entre dosis de exposición al agente nocivo y la respuesta que este desencadena en el organismo humano.

3. ¿De qué se dice que "es aquel en el que la producción de calor metabólico está en equilibrio con las pérdidas de calor orgánico (por convección e irradiación), las pérdidas de calor respiratorio y la transpiración insensible"?

a) Ambiente térmico fisiológico.
b) Ambiente térmico neutro.
c) Ambiente térmico físico-químico.
d) Nada de lo anterior es cierto.

4. ¿Cuál es la unidad más empleada en medicina del trabajo respecto al ambiente sonoro, si queremos evaluar la existencia o no de contaminación acústica?

a) Lumen.
b) Son.
c) Decibelio.
d) metro/segundo.

5. ¿Qué radiaciones electromagnéticas de estas consideras ionizante?

a) Radiaciones Y e infrarroja.
b) Radiaciones X y gamma.
c) Radiaciones alfa y beta.
d) Radiaciones alfa e infrarroja.

6. ¿Qué medida universal de estas respecto a los riesgos relacionados con la exposición a agentes biológicos durante el trabajo en ambientes hospitalarios es del tipo inmunización activa?

a) Suero frente a hepatitis B.
b) Vacunación frente a hepatitis B.
c) Quimioprofilaxis antivírica.
d) Todo lo anterior es cierto.

7. La esterilización por calor húmedo bajo presión es mediante:

a) Autoclave.
b) Poupinel.
c) Incineración.
d) Flameado.

8. ¿Qué zona corporal es la más dañada por la manipulación de cargas?

a) Espalda (zona dorsolumbar).
b) Tórax.
c) Espalda (zona cervical).
d) Extremidades inferiores.

9. ¿Qué carga no se recomienda que manejen mujeres, trabajadores jóvenes o aquellos de edad avanzada?

a) Cargas superiores a 5 kg.
b) Cargas superiores a 15 kg.
c) Cargas superiores a 25 kg.
d) Cargas superiores a 35 kg.

10. ¿Cuál es el tamaño máximo recomendable de una carga (alto x ancho x profundo, en cm)?

a) 70 x 50 x 50.
b) 60 x 60 x 60.
c) 60 x 60 x 50.
d) 80 x 60 x 60.

11. ¿Qué distancias indicarán las «coordenadas» de la situación espacial de la carga?

a) Distancias H y T.
b) Distancias T y V.
c) Distancias H y S.
d) Distancias H y V.

12. ¿A qué se denomina la disminución de la capacidad física y mental después de realizar un trabajo?

a) Carga mental.
b) Fatiga.
c) Adinamia.
d) Estrés.

13. La carga mental se denomina también:

a) Esfuerzo intelectual.
b) Esfuerzo mental.
c) Carga psíquica.
d) Carga cognitiva.

14. ¿Cómo se llama también el síndrome de quemado o de agotamiento profesional?

a) Mobbing.
b) Burnout.
c) Eustrés.
d) Distrés.

15. La ciencia de la adaptación del trabajo al hombre es:

a) Laborterapia.
b) Ergonomía.
c) Terapia Ocupacional.
d) Ninguna de las anteriores.

16. ¿Qué ergonomía se encarga del estudio de la relación entre el ser humano y las condiciones métricas de su puesto de trabajo en lo relativo a su comodidad y confort estático, tanto en posiciones de pie como sentado, pie-sentado, etc.?

a) Ergonomía geométrica.
b) Ergonomía geográfica.
c) Ergonomía ambiental.
d) Ergonomía temporal.

17. Los esfuerzos repetitivos de las muñecas pueden ocasionar:

a) Tendinitis.
b) Cefaleas.
c) Lumbalgias.
d) Todo lo anterior.

18. ¿Qué riesgo en particular pueden presentar más frecuentemente las cargas de peso en diferentes situaciones cuando es demasiado pesada o demasiado voluminosa?

a) Riesgo craneocervical.
b) Riesgo cervical.
c) Riesgo dorsocervical.
d) Riesgo dorsolumbar.

19. ¿En qué circunstancias el medio de trabajo no aumenta el riesgo, particularmente dorsolumbar?

a) Cuando el espacio libre, especialmente vertical, resulta insuficiente para el ejercicio de la actividad de que se trate.
b) Cuando el suelo es regular.
c) Cuando la situación o el medio de trabajo no permite al trabajador la manipulación manual de cargas a una altura segura.
d) Cuando la situación o el medio de trabajo no permite al trabajador la manipulación manual de cargas en una postura correcta.

20. ¿Qué equipo (EPI) suele emplearse como de uso general a nivel sanitario?

a) Delantales.
b) Guantes de látex.
c) Gafas de seguridad.
d) Viseras.

En MADTEST tienes **186 preguntas más de este tema, comentadas y argumentadas**, y elaboradas por empleados de las Administraciones Públicas teniendo en cuenta los últimos exámenes oficiales. Logra tu plaza con MADTEST: Test de calidad.

¡Supera tus límites con MADTEST!

A continuación te presentamos algunos ejemplos de preguntas comentadas:

21. ¿Qué aspecto no recoge el concepto amplio de seguridad social (en Europa)?

a) La protección social de los trabajadores.
b) La creación de Centros para la rehabilitación de los trabajadores.

c) La creación de los servicios médicos de empresa.
d) Recoge todo lo anteriormente mencionado.

Respuesta correcta: d) Recoge todo lo anteriormente mencionado.

El concepto de Seguridad Social que, en su amplio campo de actuaciones, recoge también:
– La protección social de los trabajadores.
– La creación de Centros para la rehabilitación de los trabajadores.
– La creación de los servicios médicos de empresa.

22. ¿Qué radiación de estas es electromagnética?

a) Luz visible.
b) Radiación alfa.
c) Radiación beta.
d) Son todas electromagnéticas.

Respuesta correcta: a) Luz visible.

La radiación de tipo electromagnético puede manifestarse de diversas maneras como ondas de radio, microondas, radiación infrarroja, luz visible, radiación ultravioleta, rayos X o rayos gamma.

23. ¿Cuál es el método de elección mediante esterilización, por ser el más fiable, eficaz y de fácil empleo?

a) Esterilización por calor seco a baja presión.
b) Esterilización por calor húmedo a alta presión.
c) Esterilización por calor húmedo a baja presión.
d) Esterilización por calor seco a alta presión.

Respuesta correcta: c) Esterilización por calor húmedo a baja presión.

La esterilización por calor húmedo bajo presión (autoclave) es el método de elección, por ser el más fiable, eficaz y de fácil empleo.

24. El término hostigamiento o acoso en el trabajo es el denominado:

a) Mobbing.
b) Burnout.
c) Eustrés.
d) Distrés.

Respuesta correcta: a) Mobbing.

El **acoso laboral** o **mobbing** es tanto la acción de un hostigador o varios hostigadores conducente a producir miedo, terror, desprecio o desánimo en el trabajador afectado hacia su trabajo, como el efecto o la enfermedad que produce en el trabajador.

25. Los riesgos biológicos de peligro por salpicaduras se da más frecuentemente en:

a) Consultas externas.
b) Operaciones previas a la esterilización.
c) Banco de sangre.
d) Rehabilitación.

Respuesta correcta: c) Banco de sangre.

Los riesgos biológicos en el banco de sangre son contacto con sangre, riesgo de pinchazos o cortes, peligro de salpicaduras.

Solución al test n.º 38

1. a) Ley 31/1995, de 8 de noviembre.

2. d) Se encarga de estudiar la relación entre dosis de exposición al agente nocivo y la respuesta que este desencadena en el organismo humano.

3. b) Ambiente térmico neutro.

4. c) Decibelio.

5. b) Radiaciones X y gamma.

6. b) Vacunación frente a hepatitis B.

7. a) Autoclave.

8. a) Espalda (zona dorsolumbar).

9. b) Cargas superiores a 15 kg.

10. c) 60 x 60 x 50.

11. d) Distancias H y V.

12. b) Fatiga.

13. d) Carga cognitiva.

14. b) Burnout.

15. b) Ergonomía.

16. a) Ergonomía geométrica.

17. a) Tendinitis.

18. d) Riesgo dorsolumbar.

19. b) Cuando el suelo es regular.

20. b) Guantes de látex.

CASO PRÁCTICO

Aprendizaje Basado en Casos

El aprendizaje basado en casos de MAD es una metodología en la que los opositores se enfrentan a situaciones reales de la práctica diaria de su especialidad a través de pruebas tipo test diseñadas para aplicar la teoría y reforzar el aprendizaje. Analiza los casos planteados, aplica tus conocimientos teóricos e identifica la solución correcta en cada contexto práctico propuesto.

Para que fijes los conceptos y estés preparado al 100 % el día del examen, te presentamos en tu Curso MAD360 más de 600 preguntas sobre casos prácticos, que te ayudarán a profundizar en la teoría y llevarla a la práctica.

¡Supera tus límites con MADTEST!

A continuación te presentamos algunos ejemplos de preguntas:

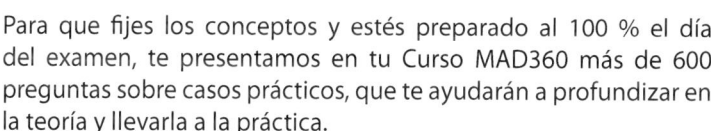

CASO PRÁCTICO

Rafael es técnico en cuidados auxiliares de enfermería y trabaja en la planta de Cuidados Intensivos de un Hospital del Servicio público de Salud. Tiene a su cargo a diferentes pacientes, con distintas patologías y diferentes tipos de cuidados.

Uno de sus pacientes se llama Manuel de 72 años y va a ser intervenido quirúrgicamente de cáncer de hepático. Se le administra oxigenoterapia y se le sonda vesicalmente. Se le plantean en su rutina diaria las siguientes situaciones:

1. Están realizando una preparación prequirúrgica a nuestro paciente que va a ser intervenido quirúrgicamente, que no debe realizarse en dicha preparación prequirúrgica.

a) Nuestro paciente ha de realizar un baño o ducha previa a la cirugía con jabón antiséptico.
b) Verificaremos que se ha firmado el consentimiento informado.
c) Comprobaremos que el paciente se haya hecho el enjuague bucal con la solución antiséptica bucal.
d) Nuestro paciente ha de realizar un baño o ducha previa a la cirugía con jabón, no es necesario que dicho jabón contenga antisépticos cutáneos.

2. Nuestro paciente precisa de administración de O2 y su facultativo ha optado por la administración del mismo mediante gafas nasales. Indica cuál sería la afirmación incorrecta acerca de este método de administración:

a) Se han de introducir adecuadamente los vástagos de las gafas en los orificios nasales del paciente, ajustándolos y fijándolos de una forma cómoda.
b) Su inconveniente es que reseca mucho las mucosas.
c) Vigilar las aéreas de presión (orejas y nariz) cada 24 horas.
d) Este dispositivo nos aporta entre 1 litro y 16 litros por minuto como máximo.

3. En el caso de administrarle la dieta en perfusión continua debe hacerse a un ritmo de:

a) 10 ml/h.
b) 20 ml/h.
c) 30 ml/h.
d) 50 ml/h.

4. La nutrición parenteral total no está indicada:

a) Paciente que vomita durante largo periodo de tiempo.
b) Paciente con parálisis faríngea.
c) Paciente con diarreas crónicas severas.
d) Paciente con intolerancia a la alimentación por sonda.

5. ¿Cómo se denominan los dispositivos clínicos que permiten evacuar líquidos orgánicos de una herida, absceso o cavidad?

a) Enema.
b) Evacuador.
c) Drenaje.
d) Aspirador.

6. La incisión quirúrgica para la exploración o acceso a la cavidad abdominal se denomina:

a) Toracocentesis.
b) Laparotomía.
c) Legrado.
d) Traqueotomía.

7. La definición de enfermería "proporcionar las personas o grupos asistencia directa en su autocuidado, según sus requerimientos, debido a las incapidades que vienen dadas por sus situaciones personales, es de:

a) Lenninger.
b) V. Henderson.
c) D. Orem.
d) Peplau.

8. Los resultados de la gasometría arterial de un paciente son Ph 7,32; PCO_2 50 mmHg; HCO_3 14 mEq/l. ¿qué alteración del equilibrio ácido-base presenta?

a) Acidosis respiratoria.
b) Alcalosis metabólica.

c) Alcalosis respiratoria.
d) Acidosis metabólica.

9. El consentimiento previo del paciente para la realización de cualquier intervención:

a) Es un derecho y se habrá de dar excepto en los supuestos legales establecidos.
b) Es un derecho y se habrá de dar siempre.
c) Es un derecho, pero el facultativo podrá no exigirlo cuando lo considere conveniente.
d) No es necesario el consentimiento previo del paciente salvo en supuestos excepcionales.

10. La cirugía en la que no hay trauma previo ni operación anterior, los tejidos no están inflamados y el paciente no presenta patología respiratoria, digestiva o genitourinaria, se denomina:

a) Cirugía séptica o sucia.
b) Cirugía contaminada.
c) Cirugía limpia.
d) Cirugía limpia-contaminada.

11. La cicatrización por primera intención se caracteriza por (señalar la incorrecta):

a) Las superficies de los tejidos han sido aproximadas por suturas.
b) El proceso dura pocos días.
c) El resultado es una cicatrización irregular, más extensa.
d) La herida no debe contener materias extrañas.

12. En el postoperatorio nuestro paciente inconsciente necesita una higiene bucal de un paciente inconsciente. Cuál de los siguientes NO es material necesario:

a) Torunda de gasa.
b) Pinzas de Kocher.
c) Guantes desechables.
d) Tijeras de cizalla.

13. Atendiendo a las precauciones estándar en relación con la prevención de infecciones, indica la opción incorrecta de los siguientes enunciados:

a) Nos pondremos guantes siempre que vayamos a entrar en contacto con cualquier mucosa del paciente o fluidos corporales excepto el sudor.
b) El uso de guantes no exime en ningún caso de la necesidad de descontaminación de las manos.
c) Lavarse las manos después de la asistencia al paciente y al quitarse los guantes.
d) Utilizar la mascarilla, gafas o bata siempre que exista el riesgo de salpicadura y cambiar inmediatamente si estas se manchan.

14. Mediante la utilización de la Escala de Braden se consigue una puntuación total superior a 14, ¿qué significado tiene?

a) Alto riesgo.
b) Riesgo moderado.
c) Riesgo bajo.
d) Ningún riesgo.

15. ¿Cuál de las siguientes medidas no es correcta en la prevención de las ulceras por presión?

a) Los cambios posturales para evitar presiones prolongadas.
b) La aplicación de cremas protectoras en las zonas más propensas a ulcerarse.
c) Mantener la piel lo más húmedas posibles en especial los pliegues cutáneos.
d) Utilizar colchones antiescaras.

16. Cuando en las condiciones ambientales de una unidad de hospitalización el aire tiene una humedad relativa del 50% será previsible que:

a) Se favorezcan la transmisión de enfermedades bucofaríngeas.
b) Se agraven las enfermedades cardíacas.
c) Se agraven las enfermedades reumáticas.
d) Todas ellas.

17. Señala la repuesta incorrecta para hacer la cama de nuestro paciente postoperado:

a) Se debe comprobar la temperatura de la habitación.
b) Es necesario lavarse las manos y ponerse los guantes.
c) La posición normal de la cama es horizontal salvo que existan otras indicaciones.
d) La sábana entremetida debe ser colocada a los pies de la cama porque si el paciente vomita es más cómodo el cambio.

18. Respecto al contenido de la gráfica ordinaria del paciente, señala la afirmación incorrecta:

a) El apartado respiración se representa con la letra R. Las cifras indican el número de respiraciones tomadas al paciente.
b) El apartado de identificación contiene los datos personales del paciente.
c) La temperatura se apunta en color verde con puntos unidos mediante líneas.
d) Terapéuticamente es el tratamiento farmacológico prescrito por el médico.

19. ¿Cuál de las siguientes no es un tipo de sonda vesical?

a) Sonda de 2 vías Foley.
b) Sonda de una vía Pezzer.
c) Sondas de 4 vías Foley.
d) Sonda de una vía Malécot.

20. A nuestro paciente se le va a trasladar a otra unidad asistencial, ¿qué se debe terne en cuenta a la hora de realizar el traslado?

a) Verificar el servicio a donde va destinado y solicitar la autorización.
b) Disponer del medio en el que va a ser trasladado: cama, camilla.
c) Explicarle a la paciente y/o familiares lo que se va a hacer.
d) Todas son correctas.

En MADTEST tienes **más de 600 preguntas sobre casos prácticos, comentadas y argumentadas**, sobre la práctica diaria de tu especialidad que simulan la realidad de las pruebas oficiales.

¡Supera tus límites con MADTEST!

A continuación te presentamos algunos ejemplos de preguntas comentadas:

21. Una de las complicaciones más graves de la nutrición enteral con sonda es:

a) Complicación metabólica.
b) Lesiones a nivel del tubo digestivo.
c) Estreñimiento.
d) Broncoaspiración.

Respuesta correcta: d) Broncoaspiración.

La broncoaspiración es una de las complicaciones más graves de la nutrición enteral con sonda. Este problema ocurre cuando el contenido del estómago, ya sea alimento o líquido, es aspirado accidentalmente hacia los pulmones. Esta situación puede provocar neumonía aspirativa, una condición severa que puede ser potencialmente mortal.

22. La información previa al consentimiento:

a) Será veraz, comprensible, razonable y suficiente.
b) Se facilitará con antelación suficiente para que el paciente pueda reflexionar con calma y decidir de forma libre y responsable.
c) Se dará al menos 24 horas antes del procedimiento propuesto siempre que no se trata de situaciones de urgencia.
d) Todas son correctas.

Respuesta correcta: d) Todas son correctas.

La información proporcionada al paciente debe ser honesta, clara, y completa, debemos dar el tiempo suficiente al paciente para que reflexione sobre la información, con un mínimo de 24h, aunque en situaciones de urgencia, este periodo puede no ser viable, pero fuera de esas situaciones, se establece como una norma para asegurar la reflexión adecuada.

23. El aparato que se utiliza para la exploración de cavidades internas se denomina:

a) Endoscopio.
b) Oftalmoscopio.
c) Laringoscopio.
d) Otoscopio.

Respuesta correcta: a) Endoscopio.

El endoscopio es un dispositivo médico que se utiliza para la exploración de cavidades internas del cuerpo humano. Permite visualizar áreas que de otra manera serían inaccesibles sin cirugía invasiva. Se introduce a través de orificios naturales o pequeñas incisiones y puede utilizarse para examinar el tracto gastrointestinal, el tracto respiratorio, la vejiga, entre otros.

24. Se va a valorar el riesgo de UPP a través de la Escala de Braden, ¿cuáles son los parámetros que tiene en cuenta?

a) Percepción sensorial, umbral del dolor, nutrición, portador de SNG.
b) Exposición a la humedad, actividad, nutrición, movilidad, percepción sensorial.
c) Déficit de atención, alimentación deficiente, enfermedad cardiaca.
d) Nutrición, portador de sonda vesical, > 70 años, género femenino.

Respuesta correcta: b) Exposición a la humedad, actividad, nutrición, movilidad, percepción sensorial.

La Escala de Braden es una herramienta utilizada para evaluar el riesgo de úlceras por presión (UPP) en pacientes. Los parámetros que tiene en cuenta la Escala de Braden son:

– Exposición a la humedad: evaluación del grado de exposición a la humedad de la piel.

– Actividad: evaluación del nivel de actividad del paciente.

– Nutrición: evaluación del estado nutricional del paciente.

– Movilidad: evaluación de la capacidad del paciente para cambiar de posición.

– Percepción sensorial: evaluación de la capacidad del paciente para percibir sensaciones como el dolor o la incomodidad.

Estos son los cinco parámetros fundamentales que considera la Escala de Braden para determinar el riesgo de desarrollar úlceras por presión.

25. Son posibles causas de infección urinaria:

a) La estasis vesical.
b) La ingesta abundante de líquidos.
c) La técnica incorrecta del lavado genital.
d) Las opciones a) y c) son correctas.

Respuesta correcta: d) Las opciones a) y c) son correctas.

– **La estasis vesical (A):** la estasis vesical, que es la retención de orina en la vejiga, puede ser una causa de infección urinaria. Cuando la orina permanece en la vejiga durante períodos prolongados, aumenta el riesgo de proliferación bacteriana y, por lo tanto, de infección del tracto urinario.

– **La técnica incorrecta del lavado genital (C):** la incorrecta técnica del lavado genital, especialmente en mujeres, puede introducir bacterias en la uretra y aumentar el riesgo de infección urinaria. Es importante que la higiene íntima se realice de manera adecuada para evitar la contaminación de la uretra con bacterias provenientes del área genital o anal.

Solución caso práctico

1. a) Nuestro paciente ha de realizar un baño o ducha previa a la cirugía con jabón antiséptico.

2. d) Este dispositivo nos aporta entre 1 litro y 16 litros por minuto como máximo.

3. c) 30 ml/h.

4. b) Paciente con parálisis faríngea.

5. c) Drenaje.

6. b) Laparotomía.

7. c) D. Orem.

8. d) Acidosis metabólica.

9. a) Es un derecho y se habrá de dar excepto en los supuestos legales establecidos.

10. c) Cirugía limpia.

11. c) El resultado es una cicatrización irregular, más extensa.

12. d) Tijeras de cizalla.

13. c) Lavarse las manos después de la asistencia al paciente y al quitarse los guantes.

14. c) Riesgo bajo.

15. c) Mantener la piel lo más húmedas posibles en especial los pliegues cutáneos.

16. d) Todas ellas.

17. d) La sábana entremetida debe ser colocada a los pies de la cama porque si el paciente vomita es más cómodo el cambio.

18. c) La temperatura se apunta en color verde con puntos unidos mediante líneas.

19. c) Sondas de 4 vías Foley.

20. d) Todas son correctas.

Cómo acceder al Curso

Manual del Técnico/a en Cuidados Auxiliares de Enfermería

Test del temario

El uso de los códigos **es exclusivo de los compradores de los productos de Editorial MAD**. Cada producto posee un código único y de un solo uso. Es personal e intransferible y da acceso a servicios y contenidos adicionales. Editorial MAD se reserva el derecho de hacer cuantas comprobaciones sean necesarias para identificar al legítimo poseedor del código y dejar de dar servicio a quien haga uso fraudulento del mismo, además de emprender cuantas acciones legales estime oportunas según la legislación vigente.

Deberás acceder a:

mad.es/registro-campus

Si una vez aceptadas las condiciones de uso del Campus decides hacer uso del mismo, necesitarás del siguiente código de acceso junto con los códigos del resto de títulos que se exigen (si fuera el caso):

CBKJVH8YR2